U0613401

广府文库
The Canton Archives

广府人联谊总会 广东省广府人珠玑巷后裔海外联谊会 广东人民出版社 合编

水乡漳澎

龙莆尧 著

南方传媒
广东人民出版社
·广州·

图书在版编目（CIP）数据

水乡漳澎 / 龙莆尧著 . — 广州：广东人民出版社，2022.6
（广府文库）
ISBN 978-7-218-15653-8

Ⅰ.①水… Ⅱ.①龙… Ⅲ.①村落—概况—东莞 Ⅳ.①K926.55

中国版本图书馆 CIP 数据核字 (2021) 第 274841 号

Shuixiang Zhangpeng

水乡漳澎

龙莆尧 著

版权所有　翻印必究

出 版 人：肖风华

策划编辑：夏素玲
责任编辑：易建鹏
封面设计：亦可文化
版式设计：广州六宇文化传播有限公司
　　　　　Guangzhou Liuyu Culture Communication Co., Ltd.
责任技编：吴彦斌　周星奎

出版发行：广东人民出版社
地　　址：广州市大沙头四马路 10 号（邮政编码：510102）
电　　话：（020）85716809（总编室）
传　　真：（020）85716872
网　　址：http://www.gdpph.com
印　　刷：广州市豪威彩色印务有限公司
开　　本：787mm×1092mm　1/16
印　　张：14.75　　字　数：180 千
版　　次：2022 年 6 月第 1 版
印　　次：2022 年 6 月第 1 次印刷
定　　价：68.00 元

如发现印装质量问题，影响阅读，请与出版社（020-85716849）联系调换。
售书热线：020-87716172

《广府文库》编纂委员会

荣誉主任： 黎子流　　岑　桑

顾　　问： 伍　亮　　谭璋球　　邵建明

主　　任： 陈耀光

执行主任： 吴荣治　　肖风华

副 主 任： 钟永宁　　陈海烈　　谭元亨

秘 书 长： 陆展中

副秘书长： 夏素玲　　何晓婷

秘　　书： 罗小清　　谢　尚　　易建鹏　　谭照荣

主　　编： 岑　桑

副 主 编： 陈海烈

《广府文库》学术委员会

（按姓氏笔画为序）

王美怡　　司徒尚纪　　李权时　　张荣芳

陈忠烈　　陈泽泓　　陈俊年　　郑佩瑗

总　序

　　广府文化，一般是指以珠江三角洲为中心的粤中，以及粤西、粤西南和粤北、桂东的部分地区使用粤语的汉族住民的文化，是从属于岭南文化范畴的中华文化重要组成部分。

　　先秦时期已有不少游民越五岭南下定居；秦朝大军征服南越后，不少秦兵留居岭南，成家立业，可以说是早期的南下移民；唐代以降，历代中原一带战乱频仍，百姓不远万里，相率穿越梅岭，经珠玑巷南下避难。这些早期的南下移民和其后因战乱而南来的流民分散各地，落地生根，开基创业。其中在珠江三角洲一带与原住民融洽相处、繁衍生息的，也就逐渐形成具有相同文化元素的广大族群，他们共同认可和传承的文化便成为多元的、别具一格的广府文化。

　　广府文化可圈可点的形态和现象繁多，若从中华民族发展的历史来看，广府核心地区最大贡献应该在于历代的中外交往，这种频密的交往，使近代"广府"成为西方先进事物传入中国、中国人向西寻求救国真理的窗口。西方文化是广府文化得以不断丰富和发展的重要来源，也成就了广府文化的鲜明特色。广府核心地区是中国民主革命的发源地。在近代以后，广府人与中国民主革命的关系特别密切。广府文化是中国民主革命发源于广东、广东长期成为中国民主革命中心地区的重要基础，而革命文化又成为广府文化最为耀目的亮点之一。孙中山和他的亲密战友们的著作、思想，以及康梁的维新思想从广义看来也应属民主革命思想范畴，他们的思想形成于广府地区，同样是讨论广府文化应予重视的内容。近代广州，是马克思主义早期传播的重要地区，又是中国共产党早期活动的重要舞台，可见广府文化与红色文化一直存在着千丝万缕的特殊关系。

上述数端，都是讨论广府文化时应予优先着眼的重中之重。

广府文化中的农耕文化也很值得称道。广府农耕文化是广府人的先祖为后人留下的一笔具有重大价值的遗产。曾经在珠江三角洲，特别是顺德、南海一带生活过的上了年纪的广府人，大都应该记得自己少小时代家乡那温馨旖旎的田园风光吧？昔日顺德、南海一带，溪流交织如网，仰望丽日蓝天，放眼绿意盈畴，到处是桑基、鱼塘、蕉林、蔗地。人与大自然的和谐相处，在这片平展展的冲积平原上表现得再鲜明不过了。从前人们在这里利用洼地开水塘，养家鱼；在鱼塘边种桑，用桑叶饲蚕；又把经过与鱼粪混凝的塘泥，屏上塘边的桑基作肥料培育桑枝，成熟的桑叶又成为蚕儿的食粮。真是绝妙的废弃物循环再利用！从挖塘养鱼到肥鱼上市；还有桑葚飘香、蚕茧缫丝的整个过程，就是一堂生动而明了不过的农耕文化课。那是先祖给子孙们一代复一代上的传统农耕文化课，教育子子孙孙应当顺应物质能量循环的规律进行生产。这千百年来不知道曾为多少农家受益的一课，如今已在时代进程中，在都市文化和时尚文化的冲击、同化与喧嚣中逐渐淡化以至消隐了，但先祖那份遗产的珍贵内涵，还是值得稳稳留住的，因为"人与自然的和谐相处"，永远是我们必须尊重、敬畏和肃然以对的课题。

广府人，广府事，古往今来值得大书特书者不知凡几！

广府人的先民来自以中原为主的四面八方，移民文化与原住民文化日渐相融，自然形成了异彩纷呈的多元性文化。例如深受广府地区广大观众喜爱的粤剧，就是显著的一例。据专家考究，粤剧是受到汉剧、徽剧以及弋阳腔、秦腔的影响而成为独具特色的剧种的。孕育于辛亥革命前后的广东音乐（亦称粤乐）也是突出的一例。这种源于番禺沙湾，音调铿锵、节奏明快的民族民间乐曲，也是历史上来自中原的外来音乐文化与广府本土音乐文化相结合，其后又掺入了若干西洋乐器如提琴、萨克斯管（昔士风）等逐渐衍变和发展而成的音乐奇葩。

在教育和学术领域方面，历史上的广府也属兴盛之区，宋代广府即有书院之设；到了明代，更是书院林立，成效卓著。书院文化也堪称广府文化中炫目的亮点。湛若水、方献夫、霍韬等分别在南海西樵山设立大科、石泉、四峰、云谷四大书院讲学，使西樵山吸引了各地名儒，一时成为全国瞩目的理学名山，大大提升了岭南文化品位的高度。到了明神宗时期，内阁首辅张居正厉行变法革新运动，民办书院一度备受打压。其后，也因民办书院的办学宗旨和教学方针并非以统治者的意志为皈依，故仍常被官府斥为异端，频遭打压，但民间创办书院的热情依旧薪火相传。清乾隆五十四年（1789），南海西樵名士岑怀瑾于西樵山白云洞内的应潮湖、鉴湖、会龙湖之间倡办的三湖书院，名声远播、成效甚著，可见当时民办书院的强大生命力未因屡遭打压而衰颓。康有为、詹天佑、中国近代民族工业的先驱陈启沅、美术大师黄君璧与有"岭南第一才女"美誉的著名诗人、学者冼玉清都是从三湖书院出来的名家。

清代两广总督阮元在广州越秀山创办学海堂书院，其后朝廷重臣、洋务运动的重要代表人物张之洞，又设广雅书院于广州，这两所书院引进了若干西方的教育理念，培育了一批新式人才，在岭南教育事业从旧学制到新学制转型的过程中起了不容低估的积极作用。这都是很值得予以论述的。

广府在史上商业发达，由于广州曾长期作为中国唯一合法的对外贸易口岸，因而商贸繁盛，经济发达。十三行独揽中国对外贸易法定特权达85年之久。十三行商人曾与两淮盐商和山陕商帮合称中国最富有的三大集团。如此丰厚的商贸沃土，孕育出许多民族企业家先驱和精英，也就是顺理成章的了。马应彪、简照南、利希慎、何贤、马万祺、何鸿燊、霍英东、郑裕彤、李兆基、吕志和等，就是其中声誉卓著的代表人物；在改革开放大潮中涌现的英杰奇才，更是不胜枚举。广府籍的富商巨贾和华侨俊杰，在改革开放的伟业中表现出来的爱国热忱、赤子情怀感人至深。他们纷纷以衷心而热切的行动，表现对改革开放的拥护和支持，为祖国的各项社会主义建设事业不惜投巨资、出大力，作出了有目共睹的巨大贡献。

广府地区在文学艺术方面也是英才辈出，清初"岭南三大家"屈大均、陈恭尹、梁佩兰享誉全国；近人薛觉先、马师曾、千里驹、白驹荣、红线女等在粤剧界各领风骚；高剑父、高奇峰、陈树人高举"岭南画派"的大旗，为岭南绘画艺术的创新和发展另辟蹊径；冼星海的组曲《黄河大合唱》，以其慷慨激昂的最强音，气势磅礴，有如澎湃怒涛，大长数亿中国人民的志气和威风，鼓舞不愿做奴隶的人们敌忾同仇，在抗日战争中横眉怒目，跃马横刀，终于使入侵的暴敌丢盔弃甲，俯伏乞降……中国的近现代史，不知洒落过几许广府人的血泪！百年之前，外有列强的迫害和掠夺，内有反动统治者的欺压和凌虐。正是那许多苦难和屈辱，催生了广府人面对丑恶势力拍案而起的勇气，他们纵然处于弱势，仍能给予暴敌以沉重打击的悲壮史实，足以使人为之泫然。清咸丰年间，以扮演"二花面"为专业的粤剧演员鹤山人李文茂，响应洪秀全号召，率众高举反清义旗，占领三水、肇庆，入广西，陷梧州，攻取浔州府，改浔州为秀京，建大成国；再夺柳州，称平靖王。19世纪中叶那两场以鸦片为名的战争，向侵略者认输的只是大清朝廷龙座上的道光皇帝和咸丰皇帝；而让暴敌饱尝血的教训的，却是虎门要塞的兵勇和三元里的农家弟兄。他们以轰鸣的火炮、原始的剑戟以至锄头草刀，把驾舰前来劫掠的强盗们打得落花流水。1932年，十九路军总指挥东莞蒋光鼐、十九军军长罗定蔡廷锴，率领南粤子弟兵，与入侵淞沪的日军浴血苦战，以弱胜强，以少胜多。那撼人心魄的淞沪抗日之战，不知振奋过多少中国人民！在强敌跟前，不自惭形秽，不自卑力弱，真可谓广府人可贵的传统风格。试想想，小小一名舞台上的"二花面"，居然敢于揭竿而起，横眉怒目，与大清帝国皇帝及其千军万马真刀真枪对着干，那是何等气概！何等胸襟！何等情怀！

那许多光辉的广府人和广府事，真足以彪炳千秋，自应将之铭留于青史，以敬先贤，以励来者。

岭南文化的典型风格是开放、务实、兼容、进取；广府民系的典型民风是慎终追远、开拓奋斗、包容共济、敢为天下先。这都是作为广府人应该崇尚和发扬的光荣传统。为何广东成为民主革命的策源地？为何广东在改革开放大潮中成了先行一步的排头兵？为何经济特区的建立首选在南海之滨……这些都可以从上面的概述中得到合理的解释。

　　以上只不过是信手拈来的三数显例而已，广府文化万紫千红，郁郁葱葱。说工艺园林也好，说民俗风情也好，以至说建筑、说饮食、说名山丽水……都言之不尽，诉之不竭。流连其间，恍如置身于瑰丽庄严的殿堂。那岂止是身心的享受，同时还仿佛感受到前贤先烈们浩然之气渗入胸襟，情怀为之激越无已。

　　广府！秀美而又端庄的广府！妩媚而又刚毅的广府！历经劫难而又振奋如昔的广府！往事越千年，这里不知诞生过几许英杰，孕育过几许豪贤！在她的山水之间，也不知演出过几许震古烁今的英雄故事！我们无限敬爱的先人，在这四季飘香的热土上所创造的精神财富和物质财富，其丰硕繁赡是难以形容和无法统计的。那一切，都是无价之宝啊！要不将之永远妥善保存和传承下来，那至少是对广府光辉历史的无视和对先祖的不恭。

　　基于此，广府人联谊会与广东人民出版社决定联合出版《广府文库》丛书，用以保存和传承老祖宗所恩赐的诸多珍贵遗产。我们将之作为自己肩上的光荣责任和必须切实完成的庄严使命。

　　《广府文库》的出版宗旨，在于传承和弘扬广府文化、广府民系的正能量，力求成为一套既属文化积累，又属文化拓展，既有专业论著，又能深入浅出、寓学术于娓娓言谈之中的出版物，高度概括和总结具有悠久历史的广府民系风貌和广府文化精粹，传而承之，弘而扬之，使之在社会主义建设，在中华民族的伟大复兴过程中起应有的积极作用。选题范围涵盖有关广府地域的各方面；出版学术界研究广府文化的高水平专著，以及受广大读者欢迎的有关普及读物；同时兼顾若干经典文献和民间文献的出版，使之逐步累积成为广府文化研究不可或缺的知识库和资料库，以"整理、传承、研究、创新"为基本编辑方针。《广府文库》内容的时间跨度无上下限。全套丛书计划出版100种左右，推出一批具有较高学术价值的原创性论著，以推动广府文化学术研究的创新性发展。内容避免重复前人研究成果、与前人重复的选题，要求后来居上，做到"借鉴不照搬，挖掘要创新"。选取广府文化史最为经典、最具代表性的部分，从具体而微的切入口纵深挖掘，写细写透，从而凸显广府精神的内核和广府文化的神髓，积跬致远，逐步成为广受欢迎和名副其实的文化宝库。

2021 年 12 月

目 录

引　言

唐末以来，当一群又一群中原人穿越梅岭古道，通过商业重镇南雄珠玑巷，几经辗转，历尽艰辛来到珠江三角洲时，上苍已为这些远方来客准备好了大片肥田沃地。他们携着中原的文化、带着中原的气息，在珠江三角洲的山边水畔安顿下来，拓业兴邦、开枝散叶。岁月漫漫，这些来自中原的移民，繁衍了一代又一代，渐渐与珠江三角洲的山山水水和原住民融合在一起。他们在营造美好家园的同时，又熔炼出近同的方言俚语、民俗民风，熔铸出别具一格的广府文化。

作为华夏文化宝库中的一颗璀璨明珠，广府文化一直以其绚丽多彩向世人展示着独特的魅力。不过，说到底，广府文化只是一种地域性文化。这些地域性文化的产生、传播与继承，无不与该地域的生存环境、生产方式和生活习惯相联系，这就使得同在广府地域内产生的同一种民俗，在大同之中生出小异来。任何文化开始时只是一颗种子，要种在适合的土壤里，才能萌芽和生长，才能生生不息、长得茂盛、留得久远。而这些土壤往往不在都市庙堂，而更多地存在于民间村野之中。

　　坐落在东江淡水河与狮子洋交汇处的东莞市麻涌镇漳澎村，是一个至今只有二百多年人文历史的村庄。这个年轻但浸润着味道浓郁、风韵独特的广府文化的岭南水乡，二百多年来，一直在重复着一千多年来广府地区先民从珠玑巷南下珠江三角洲，共济包容，艰辛开拓，在建设美好家园的同时，铸造广府文化的故事……

　　让我们轻轻地摇着橹，驾着思绪的小船，顺着缓缓的新潮，驶进这个河涌如网的水上之乡，去领略村民筚路蓝缕、艰苦创业的动人故事，品尝广府民俗文化那醉人的味道。

天赐沃土

俯瞰漳澎

漳澎牌坊

房屋地基下的蚝壳见证漳澎曾经沧海

曾经沧海

"大地西临狮塔影，远天南到虎门潮"，这是已有 100 多年历史的漳澎村天后宫大门的门联。短短的 14 个字，不仅道出了漳澎村独特的方位，更道出了漳澎村虎踞狮子洋畔、天高水旷的雄伟气势。不过，这个现今有着近 1.5 万户籍人口，曾经拥有 2 万多亩（1 亩 ≈ 666.67 平方米，下同）肥美耕地，号称东莞第一大村，并有东莞谷仓、蔗仓、蕉仓美称的特大型村落，直到明末清初，它所处的地境还只是汪洋一片。它初露身影之时，已是清朝中叶，亦即雍正到乾隆年间的事了。要深究漳澎村怎样从汪洋大海中冒出头来，从水中沙洲演变成一个巨型村落，并从此屹立在狮子洋畔，这还得从远古的广州溺谷湾说起。广州溺谷湾，范围大约东至东莞的上南、石龙，北至广州丘陵，西至广州城址，南至番禺市桥台地。漳澎村的地域，恰恰落在这个巨型海湾的中心位置。这是一个浅水海湾，形成时间约在距今 5000—7000 年前。这时，整个广州溺谷湾都浸泡在湛蓝色的海水之中。

1929 年，中山大学地质系教授哈安姆在广州附近的长洲岛进行地质考察时发现了一个经过海浪长期侵蚀形成的"海蚀洞"。他推论，若干年前，这个小山岗周围，包括黄埔、广州的大片地方，曾是一片汪洋。8年之后，中山大学地理系教授吴尚时也在离这里不远的广州东南郊七星岗发现了更为明显、说服力更强的海蚀遗址。后来，在黄埔的庙头、南湾与增城的新塘也相继发现明显的海蚀崖、海蚀洞或海蚀平台。这些都是广州溺谷湾存在的明证。而处于这个海湾中心位置的漳澎村，虽然没有受海水侵蚀的岩崖，但当地人在修筑大围、建造水闸、建房挖基址时，在地下挖出了大量的蚝壳。一马平川的漳澎村正是以地表之下层层叠叠的蚝壳，向人们诉说着它曾经沧海的过去。由于广州溺谷湾的存在，有关学者把这个地质时期称作溺谷湾期。

从大约距今5000年前以来，溺谷湾在不知不觉中渐渐淡化，海水逐渐向外海退却，再加上北江、西江、东江江水的冲刷，江口泥沙不断淤积，越来越多的沙洲开始在北江、西江、东江与广州溺谷湾的交汇处出现。这种积沙成洲的现象不断顺着江流向前重复着，使得广州溺谷湾的范围越变越小。秦、汉时代，分别由东江、增江冲积而成的两个小型三角洲合并成一个较大的东江三角洲，并逐渐向下发育至中堂附近。据《番禺县志》记载："冲应堂古庙在鹿步司大东向乡……自汉、晋、隋、唐以来有之。"文中所说的鹿步司大东向乡其实是当时番禺县鹿步司在东莞的一块插花地，就坐落在东江三角洲上。

在西江、北江三角洲方面，到了距今1000多年前的唐末时，番禺市桥台地以西至南海县石碣一带已连成一片陆地。现今广州市黄埔地区即古称扶胥一带，韩愈撰写的《南海神广利王庙碑》有一句"扶胥之口，黄木之湾"。这是说，扶胥的海域已收缩成口，里面有一个被称作黄木湾的小海湾，而原先的大海湾，已演变到扶胥口外了。广州市黄埔区至今仍有"东湾"和"南湾"两个村庄，这两个分别于宋、元时期建立在黄木古海湾之上的村庄，一东一南分别依傍在一块一石成山的小山岗旁边。在这块巨石南端的岩崖上，刻有据说是明朝大儒陈白沙在附近设馆讲学时手书的"常春岩"三个字。经专家考证，这岩崖上有着明显的海蚀遗迹。

与漳澎村有着直接关联的东江三角洲，一直向西、向南不断发育。除中堂一带于先期成陆之外，现今东莞城的地境也已具雏形，这标志着东江三角洲的顶部已发育完毕。不过，原先广州溺谷湾范围后面的大海依然浩瀚。据清初顾祖禹撰《读史方舆纪要》所载，靠近今香港新界大埔的大步海，南汉时官府曾派人在此采珠。时人把这片大海称作媚珠池，故此，学术界把这个海湾演变时段称为珠池期。此时的漳澎地境，虽在"扶胥之口"以外，但却还在珠池之中。

这时期，尽管"扶胥之口，黄木之湾"已经形成，但发育较为缓慢的东江三角洲还远未延伸至后来漳澎村冒起的地域，与扶胥之口相隔不远的漳澎村地境此时仍是一片汪洋。宋绍圣元年（1094），苏东坡被贬惠州。途中，他登上坐落在"扶胥之口，黄木之湾"的南海神庙旁边的浴日亭观览日出奇景，为美景惊叹之余，写下了"剑气峥嵘夜插天，瑞光明灭到黄湾。坐看旸谷浮金晕，遥想钱塘涌雪山"的动人诗句。苏东坡站立在浴日亭上极目"剑气峥嵘""瑞光明灭"之方向，正是后来漳澎村耸起的地方。

珠池期持续的时间其实并不是太长。时间很快来到了南宋，西江、北江形成的三角洲马不停蹄地继续向东挺进。由于这一时期从东江下来的泥沙增多，东江三角洲也加快了向西、向南推进的步伐，再加上来自虎门潮汐的顶托，原先还算浩瀚的"珠池"，日渐形成一个漏斗湾形态，这便是狮子洋。如此看来，侵扰狮子洋这片海域，让守洋的"狮子"感到不安的，不是那两只老虎和那只老牛，而是带着泥沙、从不同方向奔涌而来的西江、北江和东江水。这期间，漳澎与周边的麻涌、大步、东村及今沙田镇、虎门镇的大片地方，都还被海水浸泡着。后来，地理学家们把这一时期称作狮子洋期。

东江孕育的村庄

从溺谷湾期到狮子洋期，几千年过去了，随着时日的推进，与漳澎村相关的这一片水域越缩越小。究其原因，除了海水淡化、海平面下降之外，西江三角洲、北江三角洲、东江三角洲不断发育向前进逼，更是一个重要的因素。

东江是今人对发源于与广东省毗邻的江西省寻乌县的一条江的称呼，它是组成珠江水系的主要干流之一。这条江古时候被称作湟水、循江，因为它流经广东的龙川县，又称龙川江。它自江西从东北方向进入广东，一直往西南流去，沿途经过河源市的龙川县、和平县、东源县、源城区，惠州市的惠城区、博罗县，东莞市的石龙镇，广州市增城区新塘镇、黄埔区禺东联围，最后注入狮子洋，全长 562 公里。与这条东江相邻的，还有增江、永宁河、沙河等河流。这几条江河互相汇合，最后分成几路注入狮子洋。在这几条河流和大海潮汐的共同作用下，慢慢形成了东江三角洲。

东江三角洲的范围，从现今看，其顶部，东江流域在赤岭峡西口，增江流域在塘洲、全兰寺一线，永宁河流域在沙头村附近，沙河流域则在翟屋附近企石至峡口河段，而底部，北界在广州市黄埔区墩头基西涌，南界在东莞市虎门镇附近，至于西界，便是东莞市沙田镇及与其隔江相望的漳澎村了。东江三角洲与狮子洋彼岸、早已连成一体的西江三角洲、北江三角洲一起，组成了美丽富饶的珠江三角洲。

从地理位置看，东江三角洲位于广东省的中部，总面积不大，根据 1990 年出版的《中国大百科全书·中国地理》，东江三角洲总面积只有约 568 平方公里，由西江与北江形成的三角洲面积则有 8033 平方公里。与西江三角洲和北江三角洲粘连在一起的情况不同，东江三角洲独居一隅、自成体系。有别于西江流域和北江流域沿途多岛丘突兀，造成西江三角洲和北江三角洲在发育过程中出现众多"冲缺三角洲"的情况，东江三角洲从顶部到最底部，地势宽平坦荡，没有任何山丘耸起，真可谓一望无垠。有地理学家做过测量，从它的顶部到最底部，直线距离 63 公里，而高差仅 7 米。其平坦程度，令许多人都意想不到。

东江三角洲地势平坦低洼，除了易受水患之外，还直接造成三角洲内密密麻麻的河网。东江出赤岭峡后没有遇到任何山丘阻挡，一直在平原上摆荡游衍，并随意地分出多条支流，来到石龙，源自北面罗浮山脉的增江、沙河等多条山地河溪，也匆匆赶来相会。由此，东江的水量和含沙量更加丰沛。东江水系就像一条条不羁的狂龙，肆意游荡冲决，并以不断分汊的形式任意堆积或泄洪。在宋代中原移民到达这些地区开发以前，先前形成的沙洲由于没有堤围，便常常遭到洪水的冲决，使东江再分出一些细小的支流来。这种状况，随着三角洲的发育，越往下部越是如此。三角洲的下部成陆较迟，这里堆积起沙洲时已届宋末，大批中原移民在此开发。这些开发者不断地筑堤护村，到了明代更在沙洲上筑围造田，这就使得本来分离的沙洲失去了再归并在一起的机会，无形中便造成了沙洲与沙洲之间密密麻麻的河涌港汊来。在处于东江三角洲的末端、几乎是整个东江三角洲中最后成陆的漳澎更是如此，除了耕地被河涌分割成无数块状外，连当初立足居住的地方，也是处于被河涌分割的状态，以至于村民之间的往来不是靠船艇，便是靠木桥。不过，这些都是后话。

总体来说，珠江三角洲包括东江三角洲，在晚更新世中期已经开始发育，但扩张较快的时期应是唐代以后尤其是宋代以后。据有关专家研究得出的统计数字，整个珠江三角洲平原在唐代的平均推进速度为每年27.4米；宋代以后，推进速度明显加快，西江、北江三角洲向伶仃洋方向推进的速度为每年32.5米，向磨刀门方向的推进速度为每年74.2米。东江三角洲的推进速度则为每年13.4米。比起西江三角洲和北江三角洲，自成体系的东江三角洲的发育速度是慢了一些，但它还是一步一个脚印、踏踏实实地向前推进，在人们俗称为大缆、二缆、淡水河等汇入狮子洋的河流之间，有无数个大大小小的江心洲，这些都是它前进中留下的一个个脚印。地势平缓等各种原因，使东江水系诸流年平均输沙的绝对量比西江、北江的要小，但由于东江三角洲的面积仅为西江三角洲和北江三角洲面积总和的12.9%，年平均输沙的相对量却较大。这种状况，使得东江三角洲的淤积速度实际上要大于西江三角洲和北江三角洲。而在某些局部地区，在某一个时段内，淤积速度会陡然加快，这就造成了不少江心洲的出现。江心洲多且发育较快，应是东江三角洲区别于西江、北江三角洲的一个显著特点。最晚成陆的漳澎，也是由处于二缆与淡水河之间的一个个大小不一的江心岛在一代又一代的住民与大自然的共同努力下合并而成。

宋元之际，黄木湾至广州城一带水域，已由内湖形态演变为河道形态；而比北江三角洲、西江三角洲慢了半拍的东江三角洲终于也推进到了今麻涌、大汾、道滘一线。宋代是东江三角洲发展较为快速的时期。除了上游冲下来的泥沙增多，还有一个重要原因，就是此时大量中原南下的移民陆续到达这些刚刚积成不久的新土地，出于生产和安全的需要，他们依据在原住地时积累的治水经验，充分发挥聪明才智，结合排灌、防洪、防咸、去卤等功能，开展了多种多样的水利工程。这些工程包括筑堤修围、疏挖陂塘、开通沟渠。如在东莞一县，便修筑了东江堤、西湖堤、龙洞堤等。

翻开古籍，就有不少有关东莞地方政府和民众修堤筑围的记载，如清代阮元所修的《广东通志》就有如下记载：

元祐二年（1087），李岩知东莞县时，"邑之东江堤，夏潦暴涨，濒江之田罹其害。岩始于西湖、福隆、石贝、司马头、京山、牛渡海等处，筑长堤捍之，民获其利。明年，复筑咸潮堤，民至今赖之"。

东江三角洲上部筑围修堤的举措，初衷只是保护当地的人畜、房子与耕地，但无形之中，也为泥沙在下游的冲刷排除了障碍，加速了泥沙在下游还未筑围修堤地区的淤积。

及至明洪武初年，虽然漳澎地境还在海水浸泡之中，但它的上部麻涌、大步一带已积聚了大量可开垦的荒洲。此时，战火熄灭，天下一统，刀枪入库，马放南山，大批无仗可打的战士正等待安置。为了使这些人有个安身的地方，朝廷便将大批解甲归田的战士遣散到珠江三角洲来，到那些尚无主人的荒洲垦殖。于是，便有了明代李贤、彭时等人撰修的《大明一统志》所记载"明洪武初年，已在东村、大小东向、大小享、麻涌、大步一带屯田军垦"的事实。

为加强海防，朱元璋在广州设立卫所，守城的同时负责屯田。这些卫所管理着珠江三角洲新成陆待开发或正在开发的地区，其中的前卫设五所十五屯，管辖狮子洋东岸昆城、大步、东村一带。在这些屯田军垦的军人往往是携家带眷。为了让这些不习耕耘的军人安顿下来，朝廷给了不少优惠政策，如丈量土地时，使用的是加大一成的"官丈"。也就是说,"民丈"是一丈,"官丈"便是一丈一尺了。另外,在税收方面,实行的是半免税,民田要交 100 斤粮食,官田只交 50 斤粮食便可以了。这个制度一直沿用到清末才废弃。当是时,清政府国库空虚,入不敷出,朝廷便下令麻涌军城、大步一带的官田一律转为民田,这样自然增加了不少税收。

几百年很快过去,这十五个屯田点渐渐演变成一个个村落。这些村落的地域虽然都在东江三角洲,而不是在西江、北江三角洲,但在行政区域上很长时间都不属于东莞,而是隶属狮子洋对岸的番禺。清雍正三年(1725),朝廷下令裁并已存在了 300 多年的卫所,屯田粮丁 并归附近州县管理。这十五屯,虽然坐落在东江三角洲,但仍在狮子洋的东岸边缘,而当时的狮子洋正在番禺县的管辖之下。于是,十五屯便顺理成章地划拨给番禺县。翻开清代所修的《番禺县志》,便有关于十五屯堡的记录。十五屯堡属番禺县鹿步巡检司,其中有昆城(又名军城、董叶乡),亦即现今的麻二村,里面有董下、叶下两屯。今大步村有郭下、张下、黄下、宁下、赵下、彭下、蔡下等七屯。小东向村有邓下一屯。小享村有林下、梁下、唐下三屯。东村又名东华村,有解下一屯。大东向村有胡下一屯。

时间来到了民国,此时狮子洋已大大缩窄,漳澎在水中冒起并屹立在狮子洋畔也已有 200 多年。而当年地处狮子洋畔的昆城、大步、大东向、小东向等十五屯诸村落,已退离狮子洋岸线甚远。由于漳澎从立村开始便属东莞县管辖,它在狮子洋畔的崛起,硬生生令十五屯诸村庄成了番禺在东莞的一块飞地。1931 年,东莞县县长陈达材向广东省民政厅写了一份报告,以十五屯诸村落"四围各乡均属东莞,距番禺甚远"及"于施政上,彼此均感受极大阻碍"为由，恳请将十五屯诸村落划归东莞县管辖。广东省民政厅接报后，即向番禺县县长陈樾发出训令，要番禺县"妥议呈复，以凭核办"。接到训令的陈樾不敢怠慢，连忙派员到十五屯实地调查，并征询民众意见。岂料当地乡民表示，十五屯自清雍正年间划归番禺县已历 200 多年，对此人们已经相当习惯；况且，所有赋税从前卫开始便是到广州交纳，而从十五屯各村到广州比到东莞县治莞城方便得多。大家都表示，不愿将十五屯归属东莞，而愿意继续归属番禺。听取汇报之后，陈樾以顺从民意为由，提交了十五屯继续由番禺管辖的申请。这个申请最终获得广东省民政厅的认可。

其实，由于历史原因形成州县之间互有插花地的事例在全国委实不少，只是由于各种原因一直难以理顺而已。中华人民共和国成立后的 1950 年 8 月，为便于地方管理，广东省政府对县与县之间的插花地进行调整，把十五屯诸村落划给东莞县管辖。

漳澎何时出世

东江三角洲在推进到麻涌、大步一带之后，并未停止西进的脚步，到明朝末年，它已推进到今漳澎地境以东一线。到了这个时候，东江的主要支流经过长途跋涉，来到狮子洋时似乎已经疲惫不堪，这里已经十分靠近海潮的入口虎门，潮汐的顶托力显然比以前大得多，而泥沙依然从上游滚滚而来。加上今漳澎地境上部的麻涌、军城、大步、大小东向等十五屯的住民筑堤护村、修围成田等因素，江口与狮子洋交汇处的成陆速度大大加快。大约到了清初，在现今被称作二缆和淡水河两条东江支流 北 南的共同作用下，漳澎地境里一个又一个的小沙洲先后露出头来。日后演变成东莞第一大村的漳澎村地块，终于悄然面世了。

如果将东江三角洲比作母亲，而分散在东江三角洲从顶部到底部各处的大小村落是它生下的孩子的话，那么，在底部这块几乎是最后成陆的土地上建起来的漳澎村，无疑应该是它的幺子了。事实上，之后东江三角洲就再也没有造就新村庄来。按常理，幺子是最得母亲宠爱的，漳澎村也不例外，自这块陆地出世之后，便集万千宠爱于一身。由于地处东江三角洲的最底部，随着它不断地发育生长，相比起邻近先建立的其他村庄，漳澎在狮子洋中占据的岸线最长、面积也最广，拥有的耕地面积和河涌资源也就最丰富。由于地处江口与狮子洋交汇处，更离出入海口的虎门不远，它占据着"活水"充足的优势，在活跃的、一天两度的潮汐作用下，域内的土地不断得到从上游冲刷下来的泥沙的补充。土壤的肥力不断得到增强之外，沙洲的淤积、归并速度加快，结果便是土地面积迅速增长、土地更加肥沃。从虎门涌进来的是咸咸的海水，而从东江流域下来的都是淡水，咸水和淡水在它身边的狮子洋及东江诸流的河口一带相互交集和轮换，正是这种咸水和淡水交汇的地方，蕴藏着纯咸水地区或纯淡水地区没有的、丰富且独特的水产资源。这里地处省城广州与东江流域地区水上交通的咽喉之处，水路交通畅达无阻。这里又与番禺、增城隔水相望，时刻处于省城住民的眼皮底下，这块一马平川、河涌如网的宝地刚一露头，便进入了许多有心人的视野之中。

正是在这块得天独厚的风水宝地上，日后出现了一个声名远播的鱼米之乡。不过，这块宝地什么时候开始冒出头来，目前未见史册典籍的文字记录。据前人口传估计是在清初。至于漳澎村何时立村，更是众说纷纭。有说是康熙年间，有说是嘉庆年间，有说是同治年间，但都拿不出坚实的论据。说实在的，这里何时立村，又因何被叫作漳澎，到目前为止，因缺乏一锤定音的文献资料及碑刻可考，实在难以有准确定论。可以说，这个当今号称东莞人口第一大村的巨型村落，至今还未领到"出世纸"。

康熙年间所编《东莞县志》的卷首有一幅东莞县图，可以见到麻涌、大步、新基、东浦（即东村）、东向等坐落在今漳澎村的东部的村落的名字，但并未见到有对漳澎的标注。这些村落西部的地方，在地图上标绘的，则是宽阔的水面。据此可以认为，漳澎地境在绘图之时还未成陆。不过，有学者认为，康熙《东莞县志》沿袭了明代崇祯《东莞县志》的很多内容，这幅地图还不能真实地反映清代康熙年间这一带的地理情况。这种看法也许是对的，但在后来清道光年间绘制的"东莞县中堂司图"上，也是只见到麻涌、东浦、新基等村落的名字，漳澎的名字仍不见踪影，这就令人十分费解。清同治四年（1865），两广总督瑞麟、广东巡抚郭嵩焘聘请广东名学者陈澧与其学生赵齐婴一起编制广东省全图。经过艰辛的努力，陈澧与他的学生最终编制了《广东图》20卷及资料翔实的《广东图说》92卷。《广东图》中的东莞县图，比起以前绘制的地图来要详尽得多，漳澎的名字亦第一次出现在这幅官家绘制的地图上。与漳澎的名字同时在这幅地图上出现的，还有于今与漳澎同在麻涌镇内的华表村 [即今华阳村。值得注意的是，根据 2012 年版《麻涌镇志》，华阳村的立村时间在乾隆三十三年（1768）]。漳澎村是否与华表村同时期立村，因无文字可考，就不得而知。在光绪二十三年（1897）出版的《广东舆地全图・东莞县图》及民国《东莞县志》中，漳澎已稳稳地坐落在地图上，从此不再"寂寂无名"。但是，漳澎村具体的立村时间仍难以判断。

有资料显示，同治元年（1862），官方将这个在狮子洋畔崛起不久的村庄定名为平乐村，以至一直以来漳澎村仍存留不少有关"平乐"的印记。如果把这个时间设定为正式立村时间，则漳澎立村距今只有150多年。但是，村中遗存的天后宫石刻门匾显示，漳澎天后宫于同治十年（1871）重修。按常理，大凡需要重修的庙宇，应该说已存在一段不短的日子了。况且，这次重修后的庙宇整体，一直保留到中华人民共和国成立以后，无论是从形制，还是从使用的材料上看，可以肯定，重修时主事者已具备相当的经济实力，将漳澎天后宫重修前九年的同治元年作为漳澎立村的时间显然不妥。

聚居在漳澎村九坊的林氏，是现今村中人口较多、相传是在漳澎落户较早的族群。据其族谱记载，林氏先祖从附近的南浦（新基）入籍漳澎的时间为乾隆三十六年（1771）；同样是人口较多、从增城仙村入籍漳澎的八坊上魁陈氏，族谱记载先祖移居漳澎也在乾隆年间。由于族谱里没有明确记载移居的具体年份，乾隆在位又长达60年，所以实难判定林氏与陈氏谁先入籍漳澎。不过，从在漳澎八坊凉棚附近发现的一方由红砂岩打造的"圣霖陈公祠"门匾的情况来看，这支陈氏具备一定经济实力的时间要比九坊林氏要早。据上魁陈氏族谱记载，陈上魁生于乾隆十年（1745），殁于道光十一年（1831）；陈圣霖是陈上魁的曾祖父，生于明崇祯十七年（1644），殁于清康熙五十一年（1712）。由于缺乏佐证，陈公祠具体建于何时无法确定，但这方红砂岩门匾打造的年代应该比村中所有用花岗石打造的祠堂门匾要早，为漳澎村现存古物中年代最为久远的一件应是无疑的。在漳澎八坊陈氏中，还有一支源自陈上魁的堂弟陈应魁。陈应魁生于乾隆二十一年（1756），殁于乾隆五十年（1785）。据应魁陈氏族谱记载，陈应魁殁后先是归葬山名水帘白石岭，新中国成立后才移葬漳澎。其配室吴氏生于乾隆二十一年（1756），殁于嘉庆十九年（1814），死后却是直接安葬漳澎磨当坊。也就是说，陈应魁这一支陈氏，在嘉庆年间甚至早到乾隆年间的中后期，已在漳澎居住了。从陈上魁与陈应魁年龄相差 11 岁又同是聚居漳澎八坊的情况判断，这两位堂兄弟同时从增城仙村移居漳澎的可能性极大。据上魁陈氏族谱，陈上魁为凤翔陈氏第二十四世。现在漳澎的上魁陈氏已经排至第三十三传，即这支陈氏在漳澎已经传了大约 10 代人。如此推算起来，则这一支陈氏在漳澎已经有 200 余年的居住史了。另外，漳澎四坊、六坊韩氏的族谱记载，先祖从增城新塘迁居漳澎的时间为嘉庆年间（1796—1820）；漳澎一坊、二坊刘氏族谱记载，始祖刘永耀从东莞下漕（漕滘）落户漳澎是在道光元年（1821）；漳澎九坊刘氏与一、二坊的刘氏不同支，这支刘氏何时迁入漳澎没有明确记载，其始祖刘指辉在漳澎不单有祠，而且有墓。据墓碑记载，墓于同治十一年（1872）重修。从这可以判断，这一支刘氏从番禺仙岭入籍漳澎应在嘉庆或道光年间。漳澎四坊徐氏族谱记载，先祖迁居漳澎在道光年间（1821—1850）。

2004 年，东莞市有关部门对漳澎村内部分古榕树的树龄做过测定，其中四坊大同桥旁边的古榕树龄为 152 年，九坊同和社凉棚旁边的古榕树龄为 182 年，一坊凉棚旁边的古榕树龄为 202 年。林、陈、刘、徐，均是漳澎的大姓，四坊、九坊、一坊这几棵古榕树是漳澎村中迄今所存较古老的榕树。由此可以推断，这里发展成一个规模村落，最早应在雍正到乾隆年间。

通过分析有关十五屯诸村落行政管辖归属这宗旧案，也许能把问题进一步厘清。雍正三年（1725）十五屯所在的村落划归番禺县管辖，说明这些村落仍在狮子洋的东岸边缘。而当时的狮子洋正是在番禺县的管辖之下。若此时漳澎的地境已有村庄，占据在狮子洋东岸边的应该是它，而不是十五屯诸村落。清政府仍将十五屯划给番禺县，说明这些村落仍在狮子洋岸边，而漳澎村根本就不存在，它后来耸起的地方当时还只是狮子洋当中白浪滔滔的一部分。由此可以推断，至少在雍正三年，漳澎村这个东江三角洲的宝贝幺儿还未出世。

移民纷至

悦田林公祠匾额

上魁陈公祠

疍家人捷足先登

不管人们清不清楚漳澎村的"生辰八字",日后承托漳澎村的这块陆地还是在东江和狮子洋的共同孕育下出世了。这块陆地离明洪武初年南下军人屯田军垦的军城、大步、东村等地只有五六公里远。今天从漳澎开车到大步只需几分钟,而东江三角洲往西扩张的脚步,在这段路上却走了300多年,可见这块土地来得实在不易。

这块陆地刚露出水面的时候,还只是一个或数个时隐时现的小黑点。随着时日的推进,小黑点慢慢演变成一个个水涨时被潮水吞没、水退时露出头来的小沙洲。再过些日子,这些小沙洲越长越大,有的甚至互相粘连在一起,成了面积更大的沙洲。沙洲在越长越大的同时也越长越高,直至潮水最大也漫不过顶。随着不断长大和增高,沙洲开始慢慢进入人们的视野。最先发现这块新大陆的是些什么人,现在已很难追寻了,但首先涉足这片无主荒洲的,一定是在附近打鱼、被称作"以舟为室,视水为陆,浮生江海者"的渔民,也就是人们常说的疍民或疍家。

翻查历朝文献,有关东莞疍民的记载不少。民国《东莞县志》载:"广州有蜑一种,名曰卢亭,善水战,卢亭在州城东百里,以采藤蛎为业。"

上文所言之"蜑"，就是现在所说的疍民，而"州城东百里"正是今之东莞。

如此说来，东莞的疍民确实源远流长，据万历《广东通志》记载："疍户皆以舟楫为宅，捕鱼为业，或编篷濒水居，谓之水栏。见水色则知有龙，故又曰龙户，齐民则目为疍家。其来未可考。按秦始皇使尉屠睢统五军，监禄杀西瓯王，越人皆入从薄中，与禽兽处，莫肯为秦，意此即其民耶？自唐以来，计丁输课于官。洪武初，编户立里长，属河泊所，岁收鱼课。其姓麦、濮、何、苏、吴、顾、曾，土人不与结婚。近亦有土著服食视贫民，而厓门海面，多归势家矣。"

这就是说，生活在东莞的疍户，明代齐民时虽以"疍家"立条目，列入"外志"，归并于汉族以外的少数民族当中，但远在唐代，这些被打入另册的"疍家"，已被统计入人口户籍中，并要交纳赋税了。

万历《广东通志》载："东莞县大奚山在县南大海中，有三十六屿，周三百余里。旧志云居民不事农桑，不隶征徭，以鱼盐为生。宋绍兴间，招降其人，选其少壮者为水军。"由此可知，东莞境内有大量居住在海岛之上、不事农桑、以鱼盐为生的疍民，由于熟习水性，其中一些人还被选为水军。

除了官家修撰的志书外，在民间咏叹的诗文中，也可见到东莞疍民的蛛丝马迹。宋代东莞八景中有"蛎浦渔歌"一景，说的是县内合澜海的蚝事美景。

蚝又称蛎，蛎浦当指今长安镇乌沙村、沙头村一带的蚝田。民国《东莞县志》精彩地描述了当日蚝民打蚝的壮观景象：

　　　　合澜海有蠔田，潮退往取，渔姑蛋妇咸出，谓之打蠔。

以木制如上字形，横尺许，其直数尺，上挂竹筐。女郎以一足踏横木，一足踏泥，手扶直木，稍推即动，其势甚轻捷。既至，凿蚝得肉，置诸筐。遇潮长，相率踏歌而还。有咏之者曰："一岁蚝田两种蚝，蚝田片片在波涛。蚝生每每因阳火，相累成山十丈高。"又曰："冬月真珠蚝更多，渔姑争唱打鱼歌。纷纷龙穴洲边去，半湿云鬟在白波。"

文人墨客描写的合澜海疍民的生活有点浪漫，实际上疍民历来都生活在社会的底层，境况十分凄惨。疍民一旦入编，便永远不得脱籍，世代居住在船艇上，不得与陆上人家通婚，不许上岸、不许应科举之试。所谓"后船疍家"就是这种户籍制度的产物，这种不公平、不合理的户籍制度直到清初还在沿用。

无论是处于广州溺谷湾期、珠池期，还是狮子洋期，由于大片地域长期处于水边，东莞县内在水上讨生活的疍民不在少数。据嘉靖三十一年（1552）的统计，东莞全县总户数25360户，其中疍户1412户。全县总人口143360人，按平均每户5.7人算，疍民人数达到8000多人。

有这么多的人在水中讨生活，除了当时东江三角洲还在不断发育之中、县内可耕土地不多、疍民难以脱籍等原因之外，狮子洋及东江流域水产资源丰富也应是一个重要的原因。这一片水域之所以水产资源丰富，与来自大海的咸水和来自东江的淡水在这里交汇有关。就水族动物来说，大海里有只适合在咸水里生活的海鱼，江河里有只适合在淡水里生活的淡水鱼。而在咸淡水交汇的地方，则有既适应咸水，又适应淡水的水生动物。这些生活在咸淡水交汇水域的水族动物，种类也许比不上大海里的水族动物多，但却是多于纯淡水地区。明崇祯《东莞县志》曾列举过东莞的水族名录，计有鳖、蟹、蚝、蚬、三鳘、鲈鱼、苍鱼、鳓鱼、蒲鱼、笋壳、黄皮等 66 种。民国《东莞县志》又增加了斑鱼、跳跳鱼、白颊鱼、蓝刀鱼等 20 种。那时的统计手段较为粗放，统计数字还有很大的缺口，据 20 世纪 70 年代有关部门统计，珠江口一带的水产种类达到 200 多种。

漳澎的地域，正处于东江支流二缆、淡水河与狮子洋的交汇处，离珠江口不过十里之遥，其地域以西，是水天一色的狮子洋，而域内则是大河小涌密密麻麻，水到之处，蚌藏蚬聚、虾跃鱼游，正是各类水族理想的栖息之地，珠江口有的水产这里也应有尽有。有这样丰富的水产蕴藏，这一带也正是东莞、番禺、增城等地疍民劳作、漂泊的理想场所。可以想见，这里每日都应是船艇穿梭、渔歌晚唱。后来成为漳澎的这块新大陆，被这些天天在这附近转悠的疍民发现，也许事出偶然，但也正在情理之中。

雍正七年（1729），雍正皇帝专门向广东的督抚发布一道有关开豁疍户的上谕，对疍民解户籍之禁，准许疍民上岸定居。雍正帝的这一道上谕，宣告了疍户舍船陆居及舍渔务农的合法化，使疍户从单一的水上职业转向农业或其他行业有了可能，居住条件和生活来源也更有保障。当后来发展成为漳澎村的沙洲在狮子洋中冒出头来，并慢慢具备让人立足的条件之时，距离雍正皇帝发布开豁疍户上谕的时间已过去了几十年，这时的疍户，已具备了上陆居住，并从事农业生产的权利，因此，我们完全有理由相信，正是那些平日在附近打鱼的疍民在这块土地上插下了第一支竹篙。不是他们，还会有谁得闲无事到这烟水茫茫的地方闲逛？不过，这些疍民究竟是来自东莞还是番禺，抑或来自增城，便无从考究了。

也许在这里插下竹篙、湾泊船艇的疍民，开始只是为了避避风浪，或作稍事休息，并未真正打算在此长住下去，更没有想到要在这里从事农业生产、繁衍后代，但时间一长，随着那些沙洲越来越大，为了方便在狮子洋及其附近水域打鱼，便有人想到在这里搭茅寮暂住。你一间我一间，茅寮渐渐多了起来，待到十间八间茅寮扎堆建起来的时候，便形成了一个小小的疍民聚居点。再过些时候，有人在洲头洲尾高处种上一两棵苦楝树或榕树，小小聚居点便有点像个小村落了。有一首流行在沙田地区的咸水歌这样唱道："水流柴枝随水漂，冚篷艇仔八方摇。有幸上得岸上住，风吹茅寮似吹箫。"这首咸水歌极为生动地表达了疍民初登陆岸居住时的艰苦情形和矛盾心态。

那些捷足先登的疍民在这块天赐的沙洲上搭茅寮居住之后，在陆上逗留的时间明显比以前增多了。朝夕相对之下，这些一直靠打鱼为生的疍民忽然发现，在自己居住的茅寮周围，还有许多土地可以利用，平日自己的米粮都是用打到的鱼虾换得，现在住地周围有这么多可以种上禾稻的土地，何不也学农人，在这些土地上耕作，种些禾稻？于是其中一些人便开始了半渔半农的生活，这片沙洲的农耕史从此拉开了序幕。

诚然，要想将所在族群已沿袭了一千几百年的生活习惯在一年半载内改弦易辙，并不是一件容易的事。正如以上那首咸水歌唱的"水流柴枝随水漂，冚篷艇仔八方摇"，像水中的浮柴一样随水漂泊已是疍民族群长年养成的习性，对于那些没有任何农耕经验、自比是流到那里算那里的"水流柴枝"、世世代代住惯"冚篷艇仔"而八方飘摇的疍民来说，是否有定力和能力在这片沙洲上安顿下来，不再登船离去，实在还是未知之数。应该说，即使是在这沙洲上搭寮居住，大多数的人都是居住而已，日常的劳作仍然是全力打鱼。一段时间之后，一定有人拆去茅寮，重新上船，像"水流柴枝"一样，随水漂走了。但同时，也一定有人留了下来，一部分人继续以打鱼为生，而另一部分人则从半渔半农渐渐转为纯粹的耕户，将种田作为主业，而打鱼捉虾则成了他们闲时帮补生活的副业。如此说来，这些上岸耕田的疍民便成了这片沙洲上的第一批农夫，这些人也就是日后漳澎村的开村先驱。

虽然离第一批疍民登上漳澎这片沙洲定居的日子已过去了近300年，但在改革开放以前一段很长的时间里，在漳澎村民的生活习俗中，还是可以见到属于疍民生活习俗的一些印记。漳澎村民普遍信仰天后娘娘，村中的天后宫在同治以前便已建造。村中的妇女，无论老少，冬天都喜欢用方巾包头。村中的房子，喜欢临涌而建。诸如此类，莫不显露出昔日疍民生活留下的蛛丝马迹。

在漳澎村内，有一个离漳澎本村不到两公里、坐落在淡水河与狮子洋交汇处的居民点，这里直到清末民初才成陆地，因是漳澎地域内成陆最晚、地处离村最边角地方，村民把它称作"角尾"。

2019 年 8 月，在角尾村出生，91 岁的梁十老婆婆，对正在编修《漳澎村志》的人讲述了小时候角尾村的状况。她说，她父母正是从番禺过来角尾的疍民，先是打鱼，用捕来的鱼虾换米吃，后来一边打鱼一边替漳澎和腊沙的田主做短工，最后便在角尾定居下来。据她回忆，她小时候，角尾这地方并未成村，只有几间搭在水中的茅棚，来来往往靠的是船艇，遇到大潮，潮水便淹进茅棚里，连床也浮了起来。

老婆婆所描述的"搭寮而居，水大浸床，鱼虾换米，没路可行，出入靠艇"的景象，虽然说的是 80 多年前的角尾小村，但又何尝不是 200 多年前漳澎最先有人居住时的景象？今人虽然未能目睹漳澎村"出世"时的样子，但从梁十婆婆对亲眼所见的角尾景象的口述中，不是还可以了解其中的端倪吗？

周边农民纷至沓来

自从有人在这片沙洲上搭茅寮居住以后，这里的上空便不时升起缕缕炊烟。这些乳白色的炊烟升上湛蓝色的天空，在云水之间向四方飘散，它们在向远处的村落宣示这个小渔村存在的同时，似乎也在向远方的人们发出热情的召唤。于是，乘着船艇来这里看个究竟的人渐渐多了起来。见到这里有不少长满肥美水草的沙洲及藏着丰盛鱼虾的河涌港汊，有的人来了以后也就不走了。初来之时，这些人多是替人帮工，或锄田，或割禾，或拍围造田，以体力换取米粮，闲时也放罾撒网、捕鱼捉虾。这些人站稳脚跟之后，不甘于一个人在这里打拼，大都折返老家，或携家带口，或呼朋引类，告别熟悉的乡井，怀揣着对未来美好生活的无限憧憬，乘搭着大大小小的船艇，重新回到那个既陌生又亲切的沙洲，开启了在此落地生根、开枝散叶的艰难征程。

由于最先来到这里定居的人基数太小，人群的繁衍速度，特别是劳动力的增长速度，远远跟不上大自然在这里营造土地的脚步，于是，冲着不断增多的上天赐予的土地，远近各处不同村庄、不同宗族源流的人便烙着各自的姓氏，次第来到这里落户，以分享一杯大自然赐予的美羹。与自比为"水流柴枝"、朝夕与水相伴的疍民不同，这些视土地为命根子的农民，一旦与心仪的土地粘在一起，便很难再分开了，漳澎村其中一支刘氏的族谱里有这么一首诗："骏马骑行各出疆，任从随地立纲常。年深外境皆吾境，日久他乡即故乡。"

这首诗，非常通俗地道出了随遇而安的心态。"年深外境皆吾境，日久他乡即故乡"，又何尝不是那些离乡背井、从四面八方飘零至漳澎，然后落地生根的各路移民的真实写照？

事实上，在长达 200 多年的漳澎移民史上，除了那些为追求美好生活而主动离乡别井登上这块新大陆的"自来蛀"之外，还有不少是被"招"而来的。漳澎这个现今的东莞第一大村，在发展过程中也曾有过过于弱小并遭人欺负的时期。据村中老人说，漳澎成村初期，由于人丁少，常常被邻近的大步等一些村庄的无赖和恶霸欺负，这些无耻之徒或在漳澎村民的茶水或食物里吐口水，或偷割漳澎村民辛苦种得的稻谷，更有甚者，常常借故调戏漳澎村的妇女。村中至今流传这么一个故事：有一天，一名叫姜女的漳澎韩氏媳妇正在田间劳作，忽然来了几个大步村的流氓，围上来要调戏她。这班流氓以为姜女只是一般妇女好欺负，没有任何防备。谁知姜女原是走江湖卖艺出身，嫁人前曾跟随父亲走南闯北，习得一身好武功，不久前父女俩来到漳澎卖艺，因中意这个鱼米之乡，其父亲便将她留在漳澎，嫁入韩家做媳妇。当那几个流氓嬉皮笑脸地围上来的时候，姜女抽出缠在身上的腰带挥舞起来，腰带在她手中顿时变得硬邦邦的，就像一条铁棍。只三两下功夫，姜女便把那几个流氓打倒在坦田下面啃泥，再一声大喝，几个流氓吓得连滚带爬，落荒而逃。这个故事除了歌颂姜女的英勇无畏之外，还告诉人们，漳澎历史上确实常因弱小而遭受强梁的欺侮。

有关漳澎立村初期受恶势力欺侮的故事远不止姜女一个。据村中老人说，漳澎村民的定居点之所以由一开始居住的新庄移至现今这个地方，除了因地形及河涌流水发生变化而不利生活这个因素外，更主要的，是因为新庄所处的摩西围处于漳澎与大步的土地交界之处，离大步太近而时常受到大步村中的流氓无赖滋扰，在这里居住，实在不堪其烦，惹不起但躲得起，所以一搬了之。大步属于十五屯，明初便已有人居住，建村要比漳澎早 300 多年，姜女的故事发生时大步村的人口显然要比漳澎多得多。姜女这个故事，使漳澎人明白，要不受外人欺负，自己必须壮大起来。为了壮大实力，已在漳澎落户的一些族群，便通过各自的渠道，将自己的一些同姓或异姓的相识招至漳澎，可以说，对于愿来的人，只要你有本事生存下去，不管是哪个姓氏，也不管来自何方，漳澎村都是来者不拒。据村中一些老人回忆，村中的陈氏、林氏、刘氏、丁氏等一些较大的族群，历史上都有过外出"招兵买马"的行动。

于是，一幕又一幕当年中原人通过南雄珠玑巷，乘着竹排，直奔珠江三角洲的大戏，在漳澎周围村落与这片沙洲之间的茫茫水路中不停上演着。随着时间推移，靠着大自然的造化之功，沙洲越积越大，来落脚谋生的人也越聚越多。虽然在这块土地上插下第一支竹篙并最早搭起茅寮居住的，是那些在附近打鱼的渔民，而周围又是水产丰富的渔场，但是，这里最终没有成为一个渔村，而是逐渐发展成一个以农耕为主的巨型村落，这个结局，不能不说是那些会生会长的土地的使然，正是那些肥田沃地，吸引着四面八方、一批又一批的人来这里分享一杯大自然赐予的美羹，这些专门来这里垦荒耕种、并擅长落地便可生根的农民，自然要比那些只靠打鱼为生的疍民要多得多。而那些虽是最先到来，但不谙农事的打鱼人，要么留下来，带着疍民的印记被各地渐次而来的农夫慢慢同化，要么卷起铺盖、拆去茅寮，登上冚篷船，重新过着浮家泛宅、随水漂流的生活。不过，对于这些疍民来说，本来就是随波逐流的"水流柴枝"，离开这里，再流到别处去，也是一件十分平常的事。

应该说，在这里还未正式成为纯粹的农业村落以前，先前到来的、纯粹打鱼或半渔半农的疍民与后期加入的农民之间，还有一段也许是相当长的杂处时间。在这期间，有心留下来务农的疍民可以向原来就熟悉农耕技术的农民学到农耕知识，增强了留下来实施人生转型的底气和能力，而那些来自山区、不习船艇的新移民，则可以向那些最早到来的先驱者学到驾驭船艇和捕捉鱼虾的技能，同时，也把疍民日常使用的捕鱼工具传承了下来，这些捕鱼工具和技能，也给他们降低生活成本、在这里落地生根增添了筹码。当今漳澎村内，除了在村民的生活习俗中看到疍民的印记之外，村民一直普遍使用的捕鱼工具和捕鱼技术，无疑也都是当年那批率先登陆这里的疍民们留下来的文化遗产。

随着最先登上那片沙洲搭茅寮居住并成功转型成农民的那些疍民被一波又一波的来自四面八方的移民潮渐渐淹没，那个只有十间八间小茅寮组成的小小渔民村也渐渐被越来越大的农耕村落所取代，在此以后200多年的漳澎村发展大戏中，那些捷足先登的疍民似乎只是念了几句开场白便下场了，而那些后来才到的各路移民则成了戏台上的主角，正是他们，演绎了漳澎村后来的精彩与辉煌。

百家姓氏来自何方

据2018年统计，漳澎男性姓氏达到105个之多，是名副其实的百家姓村。除了一些有族谱记载或户籍登记的族群之外，由于缺乏证据，难以确定大多数姓氏来自何方、何时登陆漳澎。也许考证哪一个人或哪一个族群的人最先步在此搭寮居住的疍民后尘，来到这些江心洲上考察，进而住下来垦殖耕田的意义并不大，因为在这漫漫的200多年中，来这里讨生活的人来往穿梭，正是"有人辞官归故里，有人漏夜赶科场"，来到这里之后对自然环境或人文环境不适应而最终选择离去的自然大有人在，但有一点可以肯定的是，一些较早到达并站稳脚跟的人，由于抢占了先机，他们的族群在漳澎诸姓氏中，成为人数较多、实力较强的一族。

虽然根究哪一个族群在什么时候首先登陆漳澎意义不大，但追踪一些较大的、在村中有影响力的族群从什么地方来，特别是这些族群来漳澎之前有着什么样的根底，对于探知在漳澎落籍定居、看似"乌合之众"的各路移民所具备的文化基因及精神特质，以及这些文化基因和精神特质，在漳澎村200多年所形成的深厚且生命力强大的广府民俗文化中所起的作用，还是十分有必要的。不过，由于到这里落脚谋生的人来自四面八方，又不是在同一个时期到达，即使是同一姓氏，其来源可能也不一样，这种状况，即使是当今村中人口较多的姓氏，也不例外，故此，就只能择其主流而说了。

村中的陈姓有1800多人，是漳澎诸姓中人数最多的姓氏，但来源却有多个，其中人数最多、实力最强的当数上魁陈氏。据《凤翔文德陈氏谱源谱序》载，这支陈氏是清乾隆年间从增城仙村桥头村迁入漳澎的，其居增城仙村的始祖是陈文德。漳澎村内与上魁陈氏村民杂居在一起的还有应魁陈氏，陈应魁是陈上魁的堂弟，两人相差11岁。从他俩之间的年龄及其后裔杂居在一起的情况判定，两人从增城仙村移居漳澎的时间应该相差不会太远，甚至极有可能是同时到达的。在离陈上魁后裔和陈应魁后裔聚居里巷不远处，还有一支来自东莞小享的凤翔陈氏后裔。往上溯源，这支陈氏与上魁陈氏、应魁陈氏一样，也是嗣出陈文德，其先祖从增城仙村迁往东莞石碣水南村，繁衍三代后"卖猪仔"下南洋，100多年后其中一支后裔回归故里东莞，落籍小享，其后代不久移居漳澎，与陈上魁、陈应魁的后代不期而遇。不过，算起辈分来，这位后来者要比陈上魁、陈应魁晚了三辈。由于分支年代过于久远,这支陈氏与上魁陈氏、应魁陈氏虽然同处一村,相逢却不相识,日常间无太多交往。东莞小享也是个水乡,属于当年番禺在东莞的飞地十五屯之一,离漳澎并不远。

林氏是村中人数排行第二的姓氏,有 1500 多人,其来源也是五花八门,其中大部分人是林悦田的后代。悦田林氏的先祖林悦田原居南浦。据《东莞林氏大族谱》记载,林悦田是林泰九世孙,原籍南海丹灶上林村,当时归属于西樵,于明正德九年（1514）迁居东邑南浦。清乾隆三十六年（1771）,其裔孙迁漳澎定居。东邑南浦亦即现在的东莞市麻涌镇新基村,与十五屯的大步、东村毗邻,离漳澎村不到 10 公里。悦田林氏是漳澎诸姓氏中可确定移居漳澎具体时间且落籍时间较早的族群。村中有逸南林公祠,逸南林就是这个族群中的一支。除了悦田林氏这一支派之外,漳澎还有从相隔不远的洪屋涡村迁来的十德堂林氏的后裔、从东莞茶山迁来的林良用的后裔、从增城沙头迁来的林氏后裔,以及从东莞万江迁来的林氏后裔。其中,悦田和十德堂林氏迁入漳澎的时间相对较早,而其他的林姓迁入较晚,甚至有迟至 1948 年左右才落户漳澎的。

刘姓现有 1100 多人,在村中诸姓氏中人数排第三。其来源主要有两个支派,一支为刘永耀的后裔。据《增城石厦刘姓族谱》记载,刘永耀是刘如松次子,生于乾隆甲辰年（1784）,终于同治丙寅年（1866）,享年 82 岁。刘如松的父亲刘应开于嘉庆年间从增城石厦移居东莞下漕。道光辛巳年（1821）,刘永耀从下漕移居漳澎,是为漳澎刘氏的先祖。另一支刘氏的族谱里则有"源从仙岭,花发平溪"的记载。仙岭即是与漳澎隔着狮子洋相望的番禺仙岭,平溪则是指漳澎的旧名平乐。这支刘姓人家迁入漳澎的始祖是刘指辉,为赉成堂的第十六传。这一支刘氏何时迁入漳澎没有明确记载，只知道至刘指辉时已在漳澎繁衍了八代。如果按20年一代算，这一支刘氏在漳澎已经有160年以上的居住史了。

赵姓有近800人，在村中诸姓氏中人数排第五，其来源也不止一个。赵姓村民公认，赵姓人一向分为两个支派，其中一支由广州三元里的棠溪先迁至东莞望牛墩，再从望牛墩迁入漳澎。重修的漳澎赵氏宗祠大门门联为"基迁平乐地，源接棠溪流"。清楚地说明这支赵姓人的源头。由于缺乏族谱记载，另一支赵姓当今的族人都说不清自己来自何方，但是，这支赵姓曾在漳澎建"荣山赵公祠"。这座祠堂传说已有100多年历史，直到1975年才拆毁不存。属于棠溪支派赵姓的"茂枝赵公祠"建于1934年，由于做过课室等公家用房，一直得存留，不过，在岁月的摧残下，早已破烂不堪。2006年，棠溪支派赵姓族人商议将祠堂拆除重建，另一支派赵姓族人动议加入，由两支合资共建新祠堂。这个动议获得全体赵姓族人的一致同意。于是，两支赵姓族人便合作，在茂枝赵公祠的基址上建起了一座新的祠堂，并定名为"赵氏宗祠"。正是同姓三分亲，一笔写不出两个"赵"字，至于你从哪里来，我又属哪一支派，显然并不那么重要。

村中的郭姓有近500人，是漳澎有明显疍民背景的族群。这个族群也有多个源头，在漳澎的居住史都不是很长。其中一支是太原堂郭氏，约在20世纪20年代才从广州黄埔的墩头基迁至与漳澎一江之隔的东莞沙田围村，之后再迁入漳澎。墩头基坐落在东江三角洲的北界边缘上，今属广州市黄埔区。据2013年编写的《太原堂郭姓族谱》记载，这一支郭姓人家原本是渔民，迁漳澎后起初还是以打鱼为生，到了第二代或者第三代，才定居陆上，转型种田。另外一支郭姓则是从南海县迁入漳澎，其经历与太原堂郭姓类似，祖先本来是在南海县打鱼，迁到漳澎以后，打了一段时间的鱼之后才逐渐改为种田。这一支郭姓族人迁入的具体时间不明，从其族群规模不是很大的情况来看，迁入时间可能也是在清末民初。还有一支郭姓族人移民漳澎的时间更为靠后，他们的先祖也是渔民，先从番禺钟村的屏山迁到今属广州黄埔的墩头基，之后又到了麻涌，后来，这些人又分散了，有的留在麻涌，有的去了番禺的石楼，有的去了番禺市桥，有些人则去了东莞其他地方，而有几户人就到了漳澎新沙。这些郭姓人来到漳澎的时间约在 1927 年左右，到漳澎后，依然以打鱼为主业，但有时也帮人做工，只是后来才慢慢转为以耕田为生。

丁姓有近 400 人，在村中诸姓氏中排第十。人数虽然不多，但历史上它却是村中富人和名人最多的族群，可以算得上是村中的名门望族。丁氏也有几个不同的支系。十余年前编纂的《东莞市麻涌镇漳澎村丁氏家族分族谱（征求意见稿）》记载，丁氏先祖丁迪隆在宋太祖乾德年间（963—968）从南雄珠玑巷迁居东莞文顺乡，后裔丁麟从文顺乡搬到了东莞东坑镇的周坑，丁麟曾孙丁雪村后来又搬到东坑丁屋村。一段时间以后，丁屋村部分丁氏后人再迁往东莞道滘镇南丫村，光绪二十年（1894），部分丁氏后人从道滘移至漳澎。据丁氏族谱记载，丁氏移居漳澎时，村中已有其他的丁氏村民在此居住。至于这些先期到达的丁氏族群来自何方，便不得而知了。而单就来自道滘这一支丁姓族群而言，他们在漳澎已有 120 多年的居住史。

韩姓在村中属于小族群，总人数不足 100 人，但韩姓移居漳澎的日子却不算短。翻开韩氏族谱，可非常清晰地看到其迁徙路线，顺着这条路线摸索，更可一直追溯到南雄珠玑巷。在当年罗贵领头南下的 98 人名单中，这支韩氏的先祖韩宣义赫然在内。宋宁宗开禧元年（1205），韩宣义与叔叔韩壁，兄弟韩文祥、韩振宗、韩洪泽、韩绍新一起，随罗贵从珠玑巷南下，几经辗转，定居在番禺古坝乡西便岗根，是为这支韩氏的入粤一世祖。三世祖韩春波于宋度宗咸淳六年（1270），从番禺古坝移居番禺紫坭忠献坊。十一世祖韩兆祥于明嘉靖年间（1522—1566）横渡狮子洋，从紫坭迁至川槎乡。十七世祖韩顺昌从川槎乡迁至增城新塘。十九世祖韩金玉于清嘉庆年间（1796—1820）从新塘迁至平乐，也就是当今的漳澎。从韩金玉算起，韩姓已在漳澎传了七代。

考察以上村中部分族群的迁徙路径，不难看出，从外地移居漳澎的不同姓氏族群，虽然来路不同，移居原因也不一样，但大都来自东江三角洲域内的村落，如增城、麻涌、新基、小亨、洪屋涡、万江、望牛墩、道滘、漕滘等地及与漳澎一水之隔的番禺，这些地方除了离漳澎不远外，无一不是有水路可通漳澎的傍水之乡。俗话说"欺山莫欺水"，可以说，这些敢于到这片浪激水淹、无任何陆路可通的水乡泽国讨生活的，本来就是一些熟习水性、懂得摇橹、棹桨、扒桡，甚至耕种过坦田的人。毫无疑问，他们都是乘着大船小艇从水路来到这个地方的。

不过，依据常理，捷足先登的人，极有可能就来自这些族群中移民时出发地离这里最近的村庄。因为只有他们，才能较早地发现那些突然出现在天际远处的袅袅炊烟，并对此产生遐想。如果这个推断成立，那么，这个族群，就非来自新基的悦田林氏莫属了。

寻根问底

漳澎村存在众多大大小小的姓氏，在这些族群当中，有不少在原居住地时，已是花繁叶茂、人才辈出，有的更是名副其实的名门望族。这些族群移居漳澎后，将老祖宗的优良传统发扬光大，在漳澎焕发新的光彩。

先说悦田林氏。据《东莞林氏大族谱》记载，林悦田是林泰九世孙，原籍南海丹灶的上林村（当时归属西樵）。正德九年（1514）迁居东莞南浦（今新基村）。乾隆三十六年（1771），其裔孙从南浦迁漳澎定居。这位裔孙姓甚名谁，族谱里语焉不详。从漳澎村内建有逸南林公祠这一事实看，这位裔孙很可能便是林逸南或其下一两辈。

在今南海西樵的崇北村和上林村交界处，有一座超过160年历史的花岗石牌坊，牌坊的南面书有"樵岭南来第一门"字样，北面则书"春满上林"。这座至今保存完好的石牌坊，显示了上林村不凡的底蕴。村中屹立着一座四进的林氏大宗祠，大门门联颇有气势："九龙纪盛，双桂留香"。从这副对联不难品出，林氏文风极盛，一度文人辈出。林氏大宗祠前面的广场上，竖立着咸丰十年（1860）榜眼林彭年、钦点吏部主政林兆增和其他6位举人共16对功名石。这些功名石，为林氏大宗祠大门的对联作了最好的注释。

林彭年原名林殿芳，字朝珊，是地道的上林村人，与漳澎的悦田林氏一样，都是林泰的后裔。高中进士后，获授翰林院编修，历任国史馆、武英殿、实录馆协修及纂修官、山东道监察御史等，后任贵州镇远府知府，卒于任上。传说他高中之后，适逢漳澎悦田林氏建造的第一座祠堂十德堂落成，他亲自渡海到漳澎祝贺，并相赠一笔不菲的贺金。林氏乡亲收到这笔贺金后，一致决定要用这笔钱做一件有益公众的事。这时候，漳澎还很穷，街巷还都是泥地，供船艇靠泊、人货上落的埠头又窄又简陋。他们便决定用这笔钱头麻石来铺砌埠头和村里的大街。也是从这个时候开始，漳澎村才有了宽大的麻石埠头和五板石的麻石大街。这些埠头和石街不单惠及漳澎林氏，也惠及其他村民。

至于漳澎本村的悦田林氏族人，历史上文人出得不多，却走出了不少武将、善于调弄丝竹管弦的音乐演奏能手和梨园子弟。其中，林绍棠、林祥参加过辛亥革命、北伐战争和抗日战争，立下过不朽功勋；林燮增擅长扬琴演奏；林惊鸿是著名的粤剧花旦。

很多资料都说林绍棠祖籍东莞虎门，但据漳澎悦田林氏村民所言，漳澎村九坊有他的祖屋。抗战胜利后，他的一个女儿回漳澎读过小学，他曾落籍漳澎应是事实。林绍棠早年先后毕业于东莞师范学堂、两广高等学堂理化研究班、广东陆军速成学堂。1908 年 12 月，在保定陆军速成学堂第一期炮科毕业，后返回广东陆军服役，练兵于广州燕塘，其间加入同盟会。1910 年 2 月参与倪映典领导的广州新军起义。辛亥革命后一直在粤军服役。1931 年 12 月，任国民革命军第十九路军第七十八师参谋长，1932 年"一·二八"淞沪抗战期间，指挥三旅之众与日军血战，屡挫敌锋。全面抗战期间，参加了三次长沙会战，为抗战做出了贡献。

林祥又名林寿泉，今漳澎十坊人。17 岁加入广东新军；19 岁加入同盟会，后加入国民党。以后一直在粤军服役，随军参加讨袁及北伐，屡立战功。抗战期间，先后任第四战区水陆运输管理处处长、广东省田粮处处长（均为中将军衔）。广州解放后，在广东省人民政府参事室从事文史资料撰写和对台统战工作。1979 年 5 月逝世。追悼会上，宋庆龄与中共中央统战部送花圈悼念。

至于林燮增和林惊鸿，后面有专章述说，这里不赘言。

再说陈氏。漳澎陈氏，多是凤翔陈氏七世祖陈文德的后裔，而这支陈氏的入粤始祖陈轵，字彦约，原籍江西泰和县，北宋天圣二年（1024）入粤，先任南雄教谕，后任保昌县尉。离任后，在番禺慕德里司流溪都凤翔社（今广州市黄埔区九龙镇内）定居。从此，这支源自江西泰和县的陈氏开始在广东繁衍，到如今，经历近千年之后，陈轼的后裔已遍布广东八县及广西、海南等地，人丁已逾百万。族人把这支陈氏称为凤翔陈氏。

其中，七世祖陈文德移居增城仙村。陈文德于南宋淳熙年间（1174—1189）出仕，官至尚书郎、朝奉大夫。他娶增城仙村的列氏为妻，闲时常伴妻子返仙村外家省亲，渐为当地美丽的山川倾倒，遂在仙溪上游筑宅。淳熙十二年（1185），他干脆领着全家移居到这里，成了凤翔陈氏仙村一脉的开基之祖。

在仙村凤翔文德陈氏这一支脉中，二世祖陈汝霖最值得一书。陈汝霖是陈文德的次子，曾任南恩州阳江县尉。族谱载他博学笃行，常将薪俸周济贫者，见到县中有冤案，一定在堂上还冤者清白。陈汝霖与官至宰相的增城人崔与之（1159—1239）结为好友。两人致仕后，常常在一起讲学论德，相处甚欢。陈汝霖长女嫁广东历史上第一位探花李昴英。

几百年来，文德陈氏这一支派也曾出过不少名人显士，落籍东莞凤涌的清末探花、曾倡议建造广东陈氏书院（陈家祠）的陈伯陶就是其中一名佼佼者。

再看丁氏。早期定居漳澎的丁氏各支派均无族谱存留，实在无法溯源其家族历史。丁氏虽然人数不多，且来源分散，但论经济实力和文化底蕴，却比村中的林氏和陈氏都强。不过，这种强势，只是体现在某一两个有代表性的家族中。说到这，不能不说到丁正常家族。这个家族自祖上以来，财雄势大，拥有土地甚多，在村中颇具影响力。丁正常，别字饬五，今漳澎七坊人，清末进士，曾任大理院推事、东莞县知县。育有四子五女，平日家教甚严，除长子早夭外，其余子女均学有所成。丁正常的子女中，次子丁纪徐最值得一书。丁纪徐自幼受家学熏陶，17 岁在广州中学毕业后赴法国学医，继而到德国专攻航空专业，毕业后留在德国工作。1927 年 1 月，广东航校第二期学员举行毕业典礼，丁纪徐做了精彩的空中跳伞表演，为国内空中跳伞第一人。1931 年，丁纪徐任广东空军总部第二大队大队长，并被授了空军少将军衔。

1932 年"一·二八"淞沪抗战爆发，广东空军总部派丁纪徐举机支援十九路军，配合南京空军对日机展开空战。1937 年 7 月，抗日战争全面爆发。是年 8 月，丁纪徐被任命为空军驱逐司令，指挥驱逐机在上海一带与日机展开血战。

新中国成立后，丁纪徐任广州市人民政府参事室参事，直至 1979 年在广州病逝。其间曾任广州市政协第一至第四届委员、民革广州市委员会委员。

粤剧名伶丁公醒来自丁氏另一支派，原名丁良裕，今漳澎三坊人。1926 年加入漳澎小英雄戏班学戏，以后一直在梨园打拼，成为当红小武。新中国成立后曾任广州多个粤剧团的团长，1972 年退休。丁公醒从艺 60 多年，出众的演技受到全戏行盛赞。丁公醒曾任广州市政协第四、第五届委员。

开基拓业

往日漳澎之农耕图（林苏基绘）

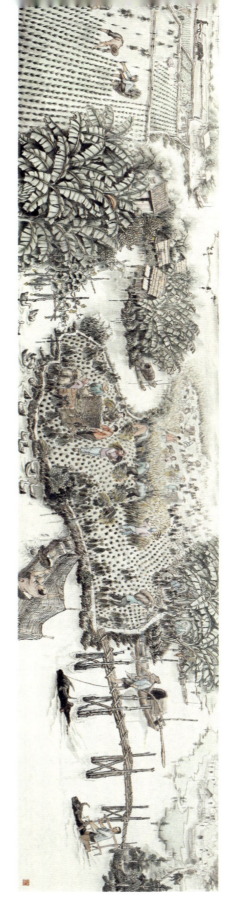

往日漳澎之村景图（林苏菲绘）

45

20 世纪 70 年代漳澎的晒谷场

20 世纪 90 年代漳澎的香蕉收购站

回乡联围

一九五五年东莞县人民政府组织麻涌、漳澎大步、东太四乡万人齐上阵，筑堤建闸围成一条天联围。围内有土山，1700余公顷，海堤全长引公里，水闸19座。其30孔70个闸门，有效防咸防洪，原由草编排涝，合理排涝改造，丰旦初奉。

林苏基画

修筑四乡联围（林苏基绘）

47

伴水而居

毋庸置疑，当第一批疍家人在漳澎的沙洲上搭棚居住的时候，他们的茅棚，虽然搭在沙洲的最高处，但也一定是接近水边。这样做，一方面是方便日常生活取水和用水；另一方面，也是最主要的，是方便他们亲近那世世代代都住惯了、用惯了、仍然停泊在沙坦水边的㧕篷船仔。

倘若在漳澎这个地域里一直住下去的，都是这些世世代代没有任何村落意识的疍民，这地方即使也叫漳澎，但它绝对不会是现在这个美丽而恢宏的模样。很快，另一批登陆者到来，几乎都是近一千年前穿过南雄珠玑巷南下的中原人的后裔。这些人动身迁来漳澎之前都住在村落之中，已习惯了村落的一切。在他们身上，有着村落的印记，也有着营造美好家园的意愿和能力。

无疑，当这些移民来到这个水乡泽国的时候，出现在他们眼前的，并不是一个成形的村庄，而是一座座依河而建的茅棚。俗话说"马死落地行"，当沙洲上的地块还未坚实到可以负载太重物件的时候，哪怕这些人来漳澎之前住惯了青砖大屋，来到这里，他们也只能跟疍民一样，在水边搭起茅棚，过着"风吹茅寮似吹箫"的棚居生活。除了沙洲上的地质状况不允许添砖加瓦之外，生活用水也是一大制约。在这里生活，再也不能像他们在原先的居住地那样，到溪边挑几担山泉，或找个合适的地方打口水井，生活用水便可轻易解决。这里一马平川、无岗无峦，不见山溪，只见大河。往地下挖，无论多深，都是淤泥，冒出来的尽是又苦又涩、既不能吃也不能用的咸水，人们吃的用的，只能是涌里的水。为了方便，畔水而居是他们的唯一选择。随着来这里定居的人不断增多，沿河而搭的竹棚慢慢多了起来，一个临水而建的茅棚小村慢慢成形了。事实上，直到20世纪的中叶，这些沿水搭建的建筑，依然是漳澎村相当一部分人的民居形式。

"有女唔好嫁漳澎，嫁到漳澎冇路行"，这一在漳澎村流传经年的民谣，应该是棚居时期漳澎人生活的真实写照。不难想象，漳澎有人居住之初，确无陆路可行，退潮时，还可见到一小块一小块被河涌分隔开来、由淤泥构成的陆地。待潮水一涨，包括村民居住的竹棚之下，都是茫茫白水。村民日常的劳作及与外界的往来交通，倚仗的全是大大小小的船艇，并无陆路相通。对新移民来说，岂止是"不习惯"三个字这么简单？

外地移民最初到来时，选择了自认为方便生活的地方搭建栖身之所，加上他们是分期分批零星到达，故在搭建棚屋时，一般不会考虑村落的整体空间结构，整个村子自然没有严谨的村落布局。但是，时间一长，随着村中人口和棚屋增多，人们开始怀念以往在老家见惯、住惯了的路、街、巷，功能分工明确的舒适住宅。人们对屋里屋外的空间结构，也渐渐有了追求。一时无法实现的追求慢慢变成了一代传至一代的嘱托，无奈那时能提供给不断到来的移民搭建棚屋的高地不多，且都是一个个隔水相望、互相独立的小沙洲，建设一个规整成形的小村庄，只是在想象之中。

不过，既然有了想法，人们便要朝那个方向努力了。人们做的第一件事便是让一个个互相分离的小沙洲连起来，归并成一个较大的沙洲。漳澎村形成之初是什么样子，现今的村民恐怕没人能说得清，但村中留下来的不少迹象表明，最初漳澎村的地域一定是被多处或大或小的水体分割开来的。也就是说，即使是有人住的地方，也不是一个完整的地块。从现有的证据可以推断，当时人们居住的地方，可能是三块经过不断归并而形成的、相互邻近、面积相对较大的高地，而这三个自然形成的移民聚居点，还维持了相当长的一段时间。至于这三块相对较大的地块由多少个细小的沙洲"拼装"而成，那就不得而知了。后来，在大自然的助力下，这三大块高地相向发展，再加上人们从外边运泥过来堆填加高，才最终形成了较为完整但中间仍然穿插有小河涌或者池塘等水体的大地块，这种地块结构到了 20 世纪初期基本上没有发生大的改变。

事实上，漳澎村在很长一个历史时期内，有过东庆坊、南安坊、南盛坊三个坊的建置，直到新中国成立后开展土地改革时才宣告结束，村内至今仍保存有以往保留下来的三处土地庙，分别位于历史上的东庆坊、南安坊和南盛坊境内。在古代，一个村落通常会有，但也只有一个土地神，而漳澎村一个村庄里却有三个土地神，这显然极不寻常。三座土地庙在村中不同地点独立设置的事实极为有力地说明，漳澎村最早其实是存在三个并不相连的小村或说是居民点的，而这三个居民点就是后来村中真实存在过的东庆坊、南安坊、南盛坊的前身。这三座土地庙，也就是漳澎由三块分离的地块合并而成的印证。

当漳澎从若干个相对独立的居民点逐渐归并成三个较大且十分邻近的居民点时，营造一个有街、有巷、民居整齐划一的村庄的行动也就悄然开始了。现今所见的漳澎村，虽然不乏六七层拆了旧房在原址重建的崭新建筑，但以往形成的大街通衢、里巷纵横、民居俨然、法度谨然的景象依然清晰可见，这绝不可能是当初随意搭建以求栖身所形成的结果。

来自四面八方尚缺乏宗族组织的人们，以某种形式会商之后，决定以水为依托，采用梳式布局以兼容公共空间和民居的形式，从而实现村落空间的整体重组。从这个共识出发，经过一百多年的不懈努力，也就形成了后世所见的规整的漳澎村落。漳澎村某些涉及村落整体面貌的建筑规定，如畅通无阻的"生巷"用麻石板直铺，"死巷"用麻石板横铺，民居建设不得侵占巷道、河道，巷道的宽度要保持一致，从巷尾应尽可能地望见巷头外的河涌等，恐怕就是当时商定下来的。

这个经过重新调整的村落空间布局，从形式上说，有着梳式布局的典型特征，从实质上说，充分体现了人与水的和谐结合。流经村边的漳澎河与巷尾涌、蚝壳涌等河涌，互相连接，组成了一个闭合的圈。河涌的外侧是一望无际的坦田和各种水体；而在河涌的内侧，则以漳澎大街作为梳背、里巷作为梳子的齿，密集而有序地安置着民居与公共空间。大街的两侧则是宗祠、庙宇、广场、凉棚和埠头等公共空间。这些依傍着河道，大体上呈南北走向的巷道，统一以近漳澎河的一端为巷头，靠近巷尾涌等河涌一端为巷尾。这样，人们不论走出巷头或巷尾，都可以尽快到达河边的公共埠头，挑水、洗濯、上落船艇，极为方便。村中的里巷，不仅宽度基本相同，连排水渠、麻石路面的铺设方式等细节都极为一致。里巷两侧或者一侧的民居则有序地分布着，民居的面积也相当一致。这些众多的"一致"，说明当时有某种文化传统在起着制约作用。

1956年四乡联围工程完工后至20世纪80年代，漳澎村落的传统梳式布局更是达到了顶峰。四乡联围的修筑，有效地控制了村内外的水患，使村落在获得保护的同时得到了更多的发展空间，其结果便是村庄得以扩张。村庄扩张的痕迹明显地体现在里巷的变化上。在这一时期，里巷的数量迅速增加，旧村范围内的158条里巷中，有83条就是在这一时期兴建的。这时期新增的里巷，超过了历史上各个时期兴建的里巷的总和。而与此同时，由于村中的水体不断消退，既有的里巷也普遍加长。里巷的增长，从形式上极大地丰富和完善了漳澎的村落梳式格局，其实质是增加了更多的民居，满足了村民因人口不断增长而带来的对住宅的迫切需求。

事实上，漳澎村落的规划与重整，是200多年来一代又一代漳澎人不懈努力的结果，实非一两个人的力量可以完成，漳澎村梳式布局的最终形成，令村民有了一个与大自然和谐结合的理想居住地。可以说，漳澎先民营造美好家园的初衷基本实现了。

俗话说，靠山吃山，靠水吃水。伴水而居的漳澎人，除了垦殖坦田之外，在河涌里捕鱼捉虾，也是他们生活中不可缺失的一件事。最先登陆的第一批疍民，把摇橹、棹桨、扒桡及捕鱼捉虾的方法、技术和工具传了下来。有了鱼虾的帮补，漳澎人生活成本大大降低，生活质量也得以提升。一望无际的坦田稻海，生崩活跳的河涌水产，既大大充实了漳澎人的饭桌，也造就了漳澎这个美名远播的鱼米之乡。

200多年来，漳澎人结合实际状况，对捕鱼方法和捕鱼工具加以改进和创新。在坦田时期，漳澎人捕鱼，一般在农事之外的时间进行，但也有些人本身无田可耕，一时也找不到短工可做，便以捕鱼捉虾谋生。麻虾、大头虾、黄鱼、鳊鱼、白颊鱼、泥鱼、白鳝、毛蟹、马跻鱼、鲈鱼、黄皮头、禾虫、蚬……这些水产，一年四季，轮番登场，只要你肯下水，不怕蹚泥涉涝，不管采用何种方式，哪怕是白手一双，多多少少总有收获。久而久之，不少漳澎人每天都在耕田和捕鱼之间不断转换角色。农人家里，除了梛头、禾枪、禾打等农具之外，捞箕、麻啰、笒、罾、禾虫啰、虾笼、泥鱼笼、虾筒、蚬筛、蟮叉等捕捉鱼虾的渔具，也十分常见。

捞箕和麻啰是漳澎村最普及、最常用的捕鱼工具。特别是捞箕，由于便于编织、轻便灵活、操作简单，又适合在浅水区域使用，捕捞小鱼、小虾及蚬贝类尤显其功，所以一直以来深受漳澎村一些体弱者特别是老人、妇女、儿童的喜爱。

漳澎有一种不需多少技巧的捕鱼方式，叫"扒白板"。"白板"，即两舷各加装一块涂了白漆翼板的小艇。夜色中，捕鱼人坐在白板艇上面，沿着涌边慢慢向前扒行。水中之鱼，多有见流速较快的生水便要往里跳的习性，也就是人们常说的鱼"透水"。夜色朦胧之中，涌里的鱼误认为艇上那白色的翼板是流动着的生水，便奋力往上跳，这一跳便跳进艇舱里，渔人不费多大力气便有收获。至于收获多少，就全凭运气了。

漳澎人很少像疍民那样，将吃不完的渔获拿去换米，通常的做法是拿去晒干。一方面可贮存下来，以备不时之需；另一方面，便是做馈赠亲友的礼物。

垦殖坦田

自从第一批不知名的疍民在这个日后被称作漳澎的地方搭起第一批茅棚之后，这个千百年来都是烟水浩茫的地方从此有了人气，有了炊烟，随着四面八方各路移民的渐次到来，一场筚路蓝缕、营造鱼丰米盛万人巨村的壮剧也从此拉开了帷幕。如果把这里从白浪滔天、荒无人烟之处，经过 200 多年的漫长岁月，打磨成为一个远近闻名的鱼米之乡看成是一场一瞬间发生的神话般幻变的话，那么，点化这场幻变的"神仙"，便是那一代又一代在这里艰辛开拓的各路移民。正是这些虽是陌路相逢、不期而至但却包容共济、吃苦耐劳、充满智慧的各路神仙，经过披星戴月、胼手胝足的艰苦拼搏，才创下了这个能容得下 100 多个男性姓氏、近 15000 人口的利益共同体。

既然来自四面八方的各路移民都是冲着这里的土地而来，而且最终又是靠这些土地生存和繁衍的，那么，可以说，200 多年来，一代又一代漳澎人的心思和精力几乎全都倾注在这片土地上了。在对这片土地进行维护、整合、扩充的过程中，如何合理、巧妙地在它上面耕耘，以获取最大的利益，人们可谓费尽了心思。

在广府地域，官方文件习惯把珠江三角洲里冲积发育而成的土地称为沙田，而到了具体主事耕作的农民那里，沙田只是指筑围之后的土地，而对于筑围之前还在浪激水淹形态下的田，他们一律称为水田或坦田。在漳澎，人们便习惯以坦田称之。这个"坦"字，应是由"滩"字讹化而来。在珠江三角洲漫长的发育史中，宋代以前，沙田的发育是较为缓慢的，且主要是靠自然因素推进，泥沙冲到哪里算哪里，积起多少算多少。明代以后，包括东江三角洲在内的珠江三角洲的发育速度明显加快，一个主要原因便是人们通过抛石、种草等手段进行人工促淤。清代以后，珠江三角洲地区垦殖沙田的活动进入高潮，人们更在原已成田的坦田上修筑堤围。这就使得下游的滩涂更快成为可耕的沙田。

作为东江三角洲平原上冲积而成的沙洲，漳澎这样一块肥肉，必然受到各路豪强的觊觎。不过，从实际情况看，外地豪强前来围垦开发留下的痕迹，在漳澎似乎并不明显。纵观在属于漳澎所有的 20000 多亩土地里，直到中华人民共和国成立前，也见不到多少耸立在水中的基围。放眼四望，尽是潮涨被淹、潮退露出的坦田。究其原因，极有可能是漳澎地域成陆较晚，地域内大大小小的沙坦，尚处于不断扩大、逐渐归并的状态。有清一代，这些沙坦的地底还未足够坚实，仍不具备在上面大规模筑围的条件。另外，漳澎地域地处东江最下游，又在狮子洋畔，河汊纵横交错，河流和潮流都十分湍急，除了给筑围带来困难之外，还造成沙坦多而分散，且单体沙坦的面积一般较小。那些势大财雄的豪强，并未将漳澎那些"豆腐干"般大的沙坦看在眼内。

虽然在漳澎没有留下太多筑围的痕迹，但漳澎确实也是筑过围的。随着时日的推进，在漳澎落地生根的某些移民族群的经济实力慢慢壮大起来，适逢漳澎地域的沙坦也都逐渐扩大，慢慢整合成较大的沙坦，在清代末期，漳澎的坦田上也有个别外地的有钱人家及村内以宗族祠堂名义或个人名义投资筑围。不过，由于财力及技术所限，也由于沙坦的面积普遍都较小，在漳澎地域筑的都是只有十来亩的围，如姓刘基、蒲桃基等。这种小围的围堤高度在五六尺左右，大潮一来，便抵挡不住，免不了遭遇漫顶或崩堤之灾。除了上述几处小基围外，漳澎还有不止一处被称作"平围"的地方，这些地方明明是浪激水淹的坦田，但却被冠以"围"的地名，其中必有缘故。据说这些地方以前都试过筑围，但由于成陆时间短，坦底未够坚实，所筑之围又过于矮小，在台风袭击、潮水冲击下，堤围被荡平。围内的田，在潮水的作用下，慢慢回复坦田形态。大概是无力为继，业主最后再也不提筑围之事，为了不忘那里筑过围堤，人们便以"平围"名之。一个"平"字，道出了人们几多的无可奈何。

自明代以来，在草坦上筑围垦殖沙田，是那些有权有势的富家巨族敛财致富的一件法宝。但真正在骄阳暴晒之下、在风吹雨打之中、于天寒地冻之时筑起城墙般堤围的，还是那些普普通通、靠双手挣口饭吃的穷苦农民，可歌可泣的草坦变沙田的历史，就是由他们创造的。堤围筑成以后，这些沙田的开拓者有不少留了下来，成为这些由他们亲手开垦得来的沙田的第一批耕户。不过，田是那些向官府报承并出资筑围的人的，他们只是租佃者，或称耕仔而已。

当第一批冲着耕地而来的移民到达漳澎的时候，这里也许已进入了草坳阶段，他们在沙洲的最高处搭起茅棚，住了下来，然后便马不停蹄拿起镰刀，把沙坦上的水草、芦苇、老虎簕清除掉，然后挥动木榔，翻动沙坦上的淤泥……他们之中有的可能成为这片沙洲的第一批"地主"。当后续的移民来到时，漳澎的沙坦或许都已有主，这些人更多的只能当个向田主租田来耕的耕仔了。

不管怎样，自从周边的农民渐次踏上漳澎这块土地、取代最先到来的疍民在这里耕耘播种之后，这片地域长达 200 多年的农耕史便开始了。由于漳澎的土地能成功筑围的不多，200 多年来，村中农民世世代代所耕种的基本都是涨潮被淹、退潮露出的坦田。在漫长的生产和生活过程中，一代又一代的漳澎人，凭着自己的聪明才智，在这个没有陆路与外界相通的水乡泽国里，将祖先积累的农耕经验发扬光大，并结合坦田农耕的实际，创造了与围田地区及山地旱田地区迥然不同、独特而又精彩的坦田农耕文化和水乡民俗文化。

不过，这种发扬和创新，却经历了一个艰辛甚至是痛苦的过程。几乎所有来自周边旱田地区的移民初到漳澎时，都要面对一个全新的环境，过去熟悉的作息、生产程式、耕作经验等，在这里几乎都用不上，一切似乎都要推倒重来。

千百年来，在中国的农村，常见的是"日出而作，日落而息"

的生活方式。这在以耕作坦田为主业的漳澎却行不通。坦田耕作，除了受制于太阳的升落，还受制于潮汐的涨退。潮水退落坦田露出时，农民方能在上面工作；而当潮水上涨淹没坦田时，即使是青天白日，农民也只得洗脚上田，望洋兴叹。漳澎临近珠江口，潮汐一天涨退两回，其中白天一回，晚间一回。农民在田间的工作时间，算起来只有短短的半天。就是这半天，也得跟着潮水走，半点自主不得。

坦田的耕作，采用的是与在旱地上截然不同的方式，使用的也是全然不同的农具。坦田里全是淤泥，人走进去，淤泥几可没膝。在这里，本可代替人力的畜力无法施展，靠的都是人力。铁制农具也派不上用场，人们使用的农具全是木制。在坦田里耕种，谈不上精耕细作。坦田里种的水稻全是一些高秆、耐浸、耐咸的品种，水稻抽穗后，潮水来了也不至淹没。收割时，从底部三四寸的地方将禾棵割断，再从禾穗以下六七寸的地方将禾秆割掉，只留下禾穗绑扎成一捆一捆，然后用艇运回村里。禾秆留在田里，水涨时随水冲走，禾头则留在坦田里，任由潮水浸泡。待第二年开耕时，再用锄头锄泥将禾头盖住。在坦田里，铁造的锄头派不上用场，铁锄的锄口小了，工作效率低，锄口大了，又过于沉重，用起来十分费力。在坦田里锄泥，使用的是一种用硬木制成、锄口镶上铁皮的木锄头，当地称为"梛"。梛口比普通铁锄的口要阔得多，一梛锄下去，翻上来的泥比一铁锄翻上来的多几倍，用力自然也要大得多。用梛锄田，绝不是一件轻松活。潮水一涨一退称作"一流水"，一流水之中，一个精壮男人通常只能锄七八分田。若能锄得一亩，那就得要健硕的身体和惊人的臂力了。漳澎的坦田有2万多亩，开耕时节，得要多少锄田人！一个锄田人，一季中又要锄多少亩！

在漳澎，开耕时节到坦田锄田的农民，有的是耕户，但更多的只是专事锄田的短工。这些靠打短工维持生活的人，虽然都住在漳澎村，但不是每个人都有钱购置船艇。外出工作时，有艇的自然扒艇前往；没有艇的，便带着木梆，换上仅可遮丑的所谓"水衫"，只身前往工作地点，遇到水深的河涌，便把木梆举上头顶，蹚水过去，个中咸苦，只有自知。

每年下秧的时间不像耕旱田那样在初春，而延至清明前夕。下秧还要挑一个潮水不是太大，也就是人们常说的水旱的日子，以免谷种被大潮冲走。农历五月龙船鼓擂响的时候开始插秧，插秧之后，除了要为缺棵的禾苗补秧之外，基本不再需要其他田间管理措施。到农历十月，也就是冬至前开始收割。到坦田锄田、下秧、插秧、收割这些活，几乎全是男人们干的。收割时，须用艇装运。每到这时，除了漳澎村有艇的耕仔外，不少番禺及附近有艇的农民也会以短工的身份加入收割大军。收割下来的禾穗用小艇运回村中，小艇靠泊水埗头后，再用禾枪将禾穗挑上地堂。这禾枪两头尖，用坤甸木等实木制成。禾穗挑上地堂后，交由妇女平摊在地堂上，用一种叫"禾打"的工具将谷粒拍打下来。禾打由一根长竹竿和一根短的实木棍组成，竹竿握在手里，木棍绑在长竿的另一端，可以转动。操作时，挥动长竹竿带动短木棍转动，短木棍拍打禾穗，使谷粒脱落。

坦田里种的水稻与在旱田种的水稻品种不同，插秧时行距也不一样，棵与棵之间的距离足有一尺余。由于种植过程无法施肥，更缺乏薅草、除虫等田间管理，这些近乎天生天养的水稻产量普遍不高，每亩只有 200 来斤。一些成田较早、肥力较足的田，年景好时可收到 400 斤左右。因要避开冬季出现的、令水稻无法生长的咸潮，只能是夏种秋收，一年收获一造。经过一代又一代人的摸索，发明了套种的方法，每年等到农历四月咸潮过后，马上插下一种叫"新兴白"的秧苗，是为头造。待到五月禾苗长势旺盛时，再在两行距中间插上一行晚造秧苗"金丰雪"。如此套种，每亩头造可收 150 斤左右，尾造可收 300 斤左右，两造合计可达 400 来斤。不过，这种套种方法只适合一些肥力较足的坦田，而在套种过程还常受到咸潮、洪水的制约和破坏，成效并不显著，所以，一年一造，仍然是漳澎坦田的主流。漳澎坦田的水稻单位面积产量不高，又是一年一造，但因为坦田面积广大，每年收获的总量还是相当可观的。

自从水中冒出头来以后，漳澎这块出人人小小众多沙坦组成的地方，一直处于不断扩大和归并的状态之中。耕地得以不断扩大，自然淤积是一个因素，但主要的还是一代又一代漳澎人辛勤劳动的结果，正是他们塞河填氹、戽泥上坦，将一个个零星的小沙坦连接、扩大，营造了漳澎境内一望无际的沃地肥田。1952 年，漳澎村进行土地改革，将全村土地收归公有后再按人口平均分配。分配前，对全村的耕地进行丈量，核得耕地面积 21000 多亩。一个村有如此多的耕地，令一些此前在旱田地区农村搞过土地改革的工作队员瞪大了眼睛。不过，这 21000 多亩耕地中，有 16000 多亩为地主、富农及宗族祠堂占有，属于自耕农的只有 4000 亩左右。分配时，工作队取其中 20000 亩作全村分配，余下离村较远的 1000 多亩，由上级作主划拨给耕地较少的邻村东浦。俗话说，土地是农民的命根子，能有富余的土地划拨给别的村，这在方圆百里，绝对是一件新鲜事。

土地改革时，工作队对全村的人口做过统计。当时漳澎村的人口 5001 人，按平均分配法，每人可分得耕地 4 亩。不过，在讨论分配方案时，这些与漳澎的坦田打了几十年交道的耕仔向工作队提出，由于地域宽广，漳澎每块田所处的位置不同，而不同位置的坦田所种水稻的产量很不一致。一般来说，靠近河涌两边的坦田，由于离活水近，不断得到新的泥沙补充，肥力年年不减，水稻的产量稳中有升。相反，一些处于沙坦中心或河涌尾段的地块，新的泥沙迟迟未到，肥力难以得到及时补充，水稻的产量自然较低。所以，他们提议，分配土地时不以亩数来定，而以产量来定。工作队觉得有道理，便对村中所有坦田的总产、不同位置地块的单产分别进行测算。测算的结果，每人可以分配年产1600斤粮食的土地。按这样的分配方案，分得产量高地块的可能达不到4亩，而分得产量低地块的则在4亩以上了。纵观中国各地土改分田，在处理肥田瘦田问题上，多是肥瘦搭配，像漳澎这样按产量分配土地的事，不是独一无二，也是极为少见。

四乡联围

土地改革的实施，实现了耕者有其田，世世代代在漳澎靠租田或打短工为生的耕仔拥有了真正属于自己的耕地，生产积极性大大提高，对未来的生活自然也有了更高的追求。不过，此时的漳澎，虽然土地的所有权发生了变更，但坦田受制于潮水、一年一造、产量低下的状况却一直在延续着。漳澎村内，村舍民居被潮水淹浸是家常便饭，将受制于潮水的单造坦田变成旱涝保收的双造旱田，让潮水不再淹街浸巷，成了人们分得土地之后的又一个梦想。

对于大潮时节水浸街巷民居，村民一时想不出办法改善，但对于坦田变旱田、单造变双造，很多人都在努力。人们首先想到的便是百年来行之有效的办法——筑围。这个时候，田是自己的，在田上筑围并不需要向政府申请。不过，由于一片沙洲上有多个田主，要筑围得所有田主都同意。这期间，漳澎也确实筑起了几个围，但都是一些只有十来二十亩的小围。这些小围所在的坦田面积都很小，田主不多，投入不大，容易商量，说筑便筑起来了。但对于一些面积较大、田主较多的出块，实属好事多磨，要把偌大的一个围筑起来并不那么容易。

事实上，除了漳澎的村民有创造美好生活的强烈愿望之外，邻近漳澎而建村要比漳澎早几百年的麻涌、大步、东太等村庄，虽然没有水浸屋舍之虞，但此时仍然还有大量的坦田尚未筑围，这些村庄的村民，对于将这些一年一造的坦田变成一年两造的围田也都翘首以盼。

1954年秋天，同属东江三角洲平原地域，与麻涌一河之隔的鹿步、沙涌、夏园、南湾等村庄，在番禺县政府的统一部署下，组织了由当地村民及部分外乡农民、工人、商业从业人员、学校师生组成的几千名筑围大军，开赴东江边及狮子洋北岸，打响了修筑禺东联围的战斗。禺东联围于翌年夏秋之间建成，全围堤长13.8公里，围内耕地面积7800余亩，除去原先已筑围的土地外，有近5000亩的单造坦田被改造成双造围田，并于建成当年见效受益。其中，也包括属于麻涌大盛村的500多亩坦田。

禺东联围修筑成功，极大鼓舞了包括漳澎村在内的麻涌人民。适逢此时各村已完成初级农业合作社的建设，正在酝酿向高级农业合作社过渡，东莞县委、县政府顺应民心，把在漳澎一带修筑大围一事提上了议事日程。1955年秋，在东莞县有关部门的统一部署下，漳澎与邻近的麻涌、东太、大步四个乡的民众一起，开始动工修筑一条将四个乡几万亩土地都圈在里面的大堤围，俗称"四乡联围"。

四乡联围是一项无论工程量或修筑难度都比禺东联围大得多

的工程。根据设计规划，整个工程要修建一条全长 31.7 公里的大围堤，这大围堤分一级堤、二级堤、三级堤三个档次，其中要求较高的一级堤、二级堤都在漳澎境内。从麻涌口海口洛水闸至漳澎角头口水闸为一级堤，长 9.3 公里。这段堤，面对着浩瀚的狮子洋和水流湍急的淡水河口。沿角头口水闸至第四口为二级堤，长 3.4 公里。从海口洛经南丫水闸、白鳝湾至第四口为三级堤，长 18.73 公里。整条围堤西临狮子洋，东南靠淡水河，北至麻涌河，围内的集雨面积 32.4 平方公里，耕地 1700 余公顷（近 27000 亩）田面高程 0.6 至 0.8 米。围中要塞堵河流 19 处、建筑水闸 5 座。其中的破流水闸、角头口水闸和漳澎口水闸，坐落漳澎境内。这些水闸不仅连接了陆地上的水道，同时还起着阻止海水倒灌、控制水位的重要作用，既保证了正常的生产、生活用水，又不会出现水过多、过咸的情况。为了更好地完善围内的灌溉体系，还需配套修建众多的小围堤、田基、涵、窦及水河。小围堤的作用是隔绝潮水；涵、窦相当于小型水闸，可以控制围内的水量；水河主要用于农田的排水或者灌溉。

　　四乡联围工程于 1955 年秋收后正式开工，工程指挥部就设在漳澎。修筑四乡联围的劳动力主要来自麻涌、漳澎、东太和大步四个乡，另有部分支援人员来自莞城、石龙、太平三大镇及其他地区。四个乡的村民热情高涨、拼劲十足，特别是作为最大受益者的漳澎村，男女老少几乎全部上阵。工程指挥部将工程分成多个区段，由乡及支援队伍各自包干，明确责任，各个乡又在包干区内层层细分，各区段之间、各小组之间展开劳动竞赛。漳澎全村划成三个片，每个片负责一段。为了尽快完成任务，每个片都组织了青年突击队，开展劳动竞赛，整个工地一派热火朝天。工程开展不久，便进入隆冬季节。冬季没有大潮出现，正是一年中截流堵河、修筑堤围的最好时机。凡是经历过 20 世纪 50 年代的人都不会忘记，1955 年和 1956 年的冬天，中国南方出现了历史上少有的极寒天气，寒风刺骨，滴水成冰。根据气象记录，当时不要说东莞，就连湛江也有冰冻出现。但是，再冷的天气，也挡不住漳澎人改变家乡面貌、追求幸福的决心和步伐。

当时没有任何机械设备，只能用人手。正是这一双双手，钊出过无数个长约 30 厘米、宽约 15 厘米、厚约 15 厘米、重约 20 斤、形似枕头的泥块（俗称"泥枕"）。在筑堤建闸过程中，以建筑漳澎口水闸最为艰苦。这里的闸址正好落在蚝壳带上，挖了一层淤泥之后，下面基本都是蚝壳，给施工带来很大的困难。村民一担担地把淤泥和蚝壳挑到堤岸上，由于是赤脚工作，不少人的双脚都给蚝壳划开口子，鲜血直流，疼痛难忍。堤岸上的蚝壳堆积如山，严重堵塞了通道，影响了施工，后来有生产烧石灰的厂来收购蚝壳，才解决了问题。挖好闸底后，便进行打桩，做桩柱的是一条条最短也有 10 米、俗称"大西桅"的大杉木，上百条的"大西桅"全靠人力一锤一锤地打进水闸的地基里。水闸建好后，要将漳澎涌口原来的涌口堵塞，这也是一项艰险异常的工程。涌口足有 80 多米宽，堵塞起来难度极大，堵了几次都未能成功。几经艰辛，涌口终于被堵塞。漳澎口水闸通水前夜，漳澎粤剧团在闸底基址上搭棚上演粤剧，创下了在海平面以下的地方演出粤剧的历史纪录。

历尽艰辛，四乡联围只用了一年时间便建成，并于当年发挥效益。筑围期间，漳澎男女劳动力全体出动，在没有任何机械设施的情况下，夜以继日，冒着寒风刺骨、滴水成冰的极寒天气，在冰冷的泥水里钊泥、拍枕，靠着顽强的意志和一双双有力的手，与其他筑围者一起，完成了这个前无古人、造福子孙的伟大工程。四乡联围在漳澎境内保留了漳澎口、角头口、破流口三个供潮汐进出的涌口，并在三个涌口分别建筑了水闸，用以控制潮水的出入。四乡联围的建成，将海水挡在堤围之外，让毫无节制的潮汐受到了管控，加上围内随后配置建设的大量涵、窦，保证了耕地的排灌，彻底结束了漳澎村自有人居住 200 多年以来以种植坦田为主的历史，将任由潮水浸泡的坦田变为可以自主调节灌溉的围田，也将水稻种植从一年一造变成了一年两造。

但是，话得说回来，四乡联围修筑之后，漳澎村的农业生产也并不是一帆风顺的。在成为东莞著名的粮食和甘蔗、香蕉生产基地之前，它还经历了一个艰辛的农田基本建设过程。四乡联围修筑之后，由于水闸过小、大田分间不合理，出现排灌的水流量不足、稻田反酸的现象，严重影响了水稻的生长。为了改变这个现象，1958 年，又是万人上阵，一番苦干之后，开通了一条由西贝沙至淡水河长 6000 米、宽 30 米的人工运河。1961 年和 1972 年，分别在运河西段的西贝沙及东段河口与淡水河交汇处修建了水闸，围内则增建涵、窦，使内的水质逐步得到改善，粮食产量大幅提高。

漳澎地处狮子洋畔，濒临珠江口，海（河）岸线长，堤岸自然也多，联绵十多公里的堤围，可以说是漳澎村的生命线，而台风和大潮则是肆虐漳澎、威胁生命线的两大自然灾害。民国以前的不说，光 1964 年，漳澎便连续五次遭到台风和大潮的袭击，大堤全面漫顶，并被冲开多个缺口。1971 年，漳澎海堤三度受损于台风。台风和大潮的肆虐，令全村的水稻被淹，甘蔗和香蕉树倒伏折断，生产大受损失。为了保护大堤的安全，从 20 世纪 60 年代末开始，村民开始在面向狮子洋的西海大堤修筑防浪石堤，至 1985 年，一级堤、二级堤基本实现了石堤化。其中一级堤堤顶高 3 米，宽 2.5 米；二级堤堤顶高 2.7 米，宽 3 米。石堤化彻底解决了决口、崩堤等风险，确保了大堤基本安全。从1991年开始，政府每年投入资金使用水泥对石质围堤的外层进行加固，使大堤更加坚实。这些措施有效抵御了台风和大潮的袭击，保障了围内农业生产和人民生命财产的安全。

筑围后阻碍漳澎农业生产发展的又一难题，是围田后同一块田的田面高低不平。灌水时，水少了，到不了地势高的地方，禾苗被旱坏；水多了，地势低的地方，禾苗易被淹死。还有数量不少的涌尾烂坦未被利用，成了内涝的祸源。秋收之后，本是农闲时节，但人们不敢闲下来，而是利用时间平整田地，将高墩的泥一担一担地挑至低凹处，谓为"正田"。同时，对那些筑围时遗下的涌尾烂坦进行整治，使之融入人田之中。这样既平整了土地，又扩大了耕地面积，实是一举两得。事实上，筑围后漳澎的可耕土地，比土改时增加了不少。

围田之后，鼠害也是常见的灾害，尤其是每到水稻成熟之时，数量众多的田鼠不分白天黑夜，四出与人争食，直接造成水稻减产。一场持久的人鼠大战便在漳澎广袤的耕地上展开。不过，对于肥硕的田鼠，漳澎人并不只是想消灭了事，而是化害为宝，将田鼠变成桌上的美味佳肴。为了捕捉田鼠，聪明的漳澎人发明了田鼠弓、夹头锥、鼠笪等工具。这些工具就地取材，成本低廉，操作简单，且效果显著。在这一过程中，催生了一批专门以捕鼠为生的捕鼠人。其中，"老鼠艇"较有特色。这种专门用作捕鼠的小艇，由普通的农家小艇略做改装而成，艇舱中有简单的卧具、厨具等日常生活用品，艇舱上加盖顶篷以遮风挡雨。捕鼠人单枪匹马，以艇为家，吃住在艇上，在捕鼠季节经常连续月余游弋在野外。田鼠大都在夜晚出动，捕鼠人一般在黄昏时开始安装捕鼠器，入夜前便安放完毕。捕鼠器要放在田鼠途经的"鼠路"上，至于哪里是鼠路，捕鼠人一看便知。每个捕鼠人一次要放置数十个甚至数百个捕鼠器。夜间他们要多次察看捕鼠效果，收集捕捉到的田鼠，并重新安置器具。白天把捕鼠器回收后，则在艇上将捕捉到的田鼠用食盐进行简单的处理，以便日后制成田鼠干。一个晚上下来，捕获几十只甚至几百只田鼠是常有的事。这些经过风干日晒的田鼠干，与麻虾干、白颊鱼干、禾虫干、腊鸭一样，都是漳澎人桌上的下酒佳肴及送礼佳品。

由于长年与田鼠斗智，漳澎村内，涌现了不少捕鼠能手。在漳澎众多的捕鼠能手中，王李标是最出类拔萃的一个。王李标家贫，家中兄弟五人，他排行第四，他的大哥王李才是漳澎村有名的捕鼠高手。为了生活，王李标自小跟在大哥身边，学习捕鼠技术，掌握了高超的捕鼠本领。1956 年 6 月，中国科学院华南生物资源综合考察队闻得王家兄弟大名，经过考察，把年纪较轻的王李标吸收为队员，让他参加动物资源考察。由于表现出色、技术过硬，王李标随后进入中国科学院广州昆虫研究所，主要从事鼠类、濒危动物的研究工作，同时还参与狩猎动物研究及采集、制作鸟兽标本。至此，在这个文化水平不高的捕鼠能手面前，展开了一片崭新的广阔天地。他后来的几项研究成果，分别获得广东省科学大会和全国科学大会奖。

王李标的成才，只是漳澎发展过程的一段插曲。这段插曲的背景，一面是鼠害的猖獗，另一面则是漳澎人的聪慧。200 多年来，漳澎人发挥聪明才智、垦殖坦田、捕捉鱼虾、筑大围、修水闸、平整土地、消灭鼠害、抗击台风、抗击咸潮……"鱼米之乡"这四个字，实在是一代又一代的漳澎人用辛勤的汗水写就的。

漳澎因水而生，靠水而兴。对于水乡人来说，水利不单是农业的命脉，更是人们日常生活的命脉。四乡联围的成功修筑，特别是破流口、角头口、漳澎口三个水闸的建造，使原来肆无忌惮、独来独往的潮汐受到了很好的管控。此举的结果，让漳澎立村 200 多年来一直运转不停的生产方式和生活方式都转到了一条崭新的轨道上。可以毫不夸张地说，四乡联围的修筑，改变了漳澎的历史走向。

自从围内的耕地从一年只可种植一造变成一年可以种植两造之后，随之而来的是生产方式、作息习惯的改变。没过多久，漳澎村便开始大规模地使用耕牛来耕种了。这时候，耕牛便成了漳澎村民离不开的农家之宝。四乡联围的修筑，亦改变了漳澎村农作物的种植结构。水稻一年两造之外，还更换为适应围田生长的品种，亩产和总产都大幅度增加。此外，不再遭受潮水浸泡的耕地也开始用于种植甘蔗和香蕉，水稻、甘蔗、香蕉从此成了支撑漳澎村经济收入的三大支柱。凭着丰富的劳力和广袤的良田，漳澎村逐渐成为东莞著名的粮食生产基地、甘蔗生产基地和香蕉生产基地。与此同时，村民的作息时间也从跟随潮起潮落变为纯粹的日出而作、日落而息，在田中的工作时间也从一天只半天增加到两个半天。坦田时代因顾忌水路安全及体力不足等原因而从不出大田工作的妇女，随着围内陆路的完善，也渐渐加入了大田工作，与家中的男人一起，共同撑起了一片天。

由于有了可关可开的水闸，大潮不可再对村居民舍随意肆虐，大潮时村内水淹街巷、威胁民居的历史从此一去不返。以往冬春季节，咸潮给漳澎人的生活带来诸多不便。有了水闸，村内河流的流速、流向，特别是咸潮，都受到有效的节制。村民出行、运输及游泳、扒龙船等更加方便和安全，日常生活少了许多咸苦，而多了许多甜味。可以说，漳澎从此翻开了新的篇章。

公共凉棚

廣府文庫

昔日之凉棚（林苏基绘）

71

今日之凉棚

坦田农耕催生涌边凉棚

200多年来，经过一代又一代漳澎人的磨砺打造，漳澎村渐渐长成为一个典型的岭南水乡，无论是村落的布局结构、民居建筑，还是村民的风俗习惯，都极具浓郁且独特的岭南水乡韵味。村中的公共凉棚，就是村里水韵乡风中的一朵奇葩。

凉棚，是乡间在水中或水边、用竹木搭建、用作乡民闲坐纳凉的一种简易建筑。这种建筑在珠江三角洲地区十分常见。在漳澎，凉棚则是指搭在涌边的一种公用的茅棚，直到现在，还存有10多座。凉棚，顾名思义，就是供人们乘凉而搭建的茅棚，但对漳澎来说，凉棚更是一种具有丰富社会含义、发挥多种社会功能以至提供多种社会记忆的公共空间。从某种意义上说，它也是漳澎作为岭南水乡典型代表的标志性建筑物。在凉棚前面冠以"公共"两字，是说这些凉棚具有公共性质。不过，这里的"公共"却有些特别。一方面，漳澎的凉棚不为某户某人独家拥有；另一方面，凉棚也不是官家或某宗族的财产。事实上，漳澎自有凉棚以来，它一直就是人人皆可进出的公共空间，它由众人所搭，属众人所有，为众人所用，归众人维护。

1968年11月，漳澎接收了一批从广州来的下乡知青，知青刚到达村子的第一个晚上，有几位男知青被领进一个有很多人聚集的公共场所——凉棚里。

放下行李，这几个知青发现，在这地方聚集的人竟然全是男性。这是一座建在涌边的两层建筑，水泥铺的地面，二层的楼板则是木板铺就。下层近水之处连接着一个伸出水面的木制水台，水台上横摆着几条长长的木凳，上面坐满了谈天说地的男人。水台下面，几十只农家小艇在随波荡漾。这几个知青被安排睡在水台对面近墙一边的大通铺里。不过，这大通铺并不为他们独占，他们身边还有十多个十二三岁的小孩一字排开睡在一起。

在大通铺旁边的墙壁上，悬挂着一方镜屏。镜屏里，有"协和社"三个手书大字。镜屏两边，整整齐齐地挂着二胡、三弦、秦琴等乐器。一个浑身黝黑的壮汉走近悬挂乐器的墙壁，伸手将二胡取下，坐回水台边的长凳上，熟练地调校好弦音，拉起了乐曲。琴声刚一响起，便陆续有人从长凳起身到墙边取乐器。很快，挂在墙上的乐器便被取去一空，原先的二胡独奏，也就变成各种乐器的齐奏了。那些由五大三粗的农民演奏出来的音乐声，整齐而又悦耳，在夜空中飘荡着。

夜渐深，音乐声慢慢停息，所有的乐器也都陆续归了原位，原先坐在水台长凳上的人慢慢在减少，年龄稍长的一个接一个离开了凉棚，而年青人则一个接一个顺着木楼梯上了凉棚的二楼，打开了自己的铺盖……

这就是 20 世纪 60 年代漳澎村凉棚的真实境况。据村中的老人说，漳澎自成为一个小有规模的村落不久，便有凉棚了。至于第一座凉棚何时开始搭建，这与漳澎何时有人居住一样，实难有一个确切的答案。在一座叫同和社的凉棚里，有铭石标记该"社"建于同治元年（1862）。而另一座叫和平社的凉棚标记该凉棚建于光绪七年（1881）。有一座叫东和社的凉棚，虽然没有建筑年代的标志，但在旁边的一棵榕树下，有一块铭牌，上面标明这棵古榕在 2004 年由东莞市古树名木委员会测定树龄为 202 年。按照漳澎村民喜欢在凉棚旁边栽种榕树遮阴的习惯判断，这座凉棚的历史应有 100 多年了。

近 300 年来，漳澎历经国家改朝换代、外敌入侵等重大变故，但无论村中发生什么变化，凉棚一直屹立在巷头或巷尾的涌边，以自己独有的方式演绎着各种各样的故事。

要弄清漳澎凉棚的来龙去脉，还得先从漳澎立村那时说起。200 多年前，当第一批先民在这里定居时，除了供搭棚居住的土地稍高之外，其余用作耕种的土地还处于涨潮被淹没、退潮才露出的沙泥形态。这种受制于浪击水淹的圩田形态，决定了村民耕、种、管、收及捕鱼捉虾等劳动都只有在退潮时才能进行。那年月，划船棹艇、外出种田或捕鱼捞虾，基本上都是男人的事，妇女大多在家中晒谷、舂米、织网、煮饭、洗衣、带孩子。涨潮的时候，男人们无所事事，闲坐在家实在无聊。为了排解寂寞与无聊，男人们聚在一起，一边闲聊，一边等待潮水退去。故乡的回忆，家里的琐事，田里的生产，涌里的鱼虾，手中的橹桡……每天都有聊不完的话题。于是，一种由众人合资合力，搭在河涌边，专供男人们聚集、休憩、聊天的简易茅棚应运而生。由于这种茅棚搭在河涌边，除了顶盖之外，四周都无遮掩，通气透光，风凉水冷，人们便把它叫做凉棚。

由于最初在漳澎居住的人不多，搭建凉棚又都是三五知己之间的事，加上经济能力所限，所以，一开始在漳澎出现的凉棚面积一般不会太大。但随着后来在村中居住的人越来越多，凉棚在数量增多的同时，面积也在不断扩大。这里可供建房的实地不多，但供搭棚的水上空间却是不缺的。

凉棚既然是男人们会聚的地方，而船艇又是大多数男人外出工作的座驾，为了出行方便，凉棚周围的水域也就成了男人们停泊船艇的场所。凉棚里人多的时候，大船小艇里三层外三层地在凉棚周围的水域随波荡漾。那情景，俨然就是今天体育或娱乐场所的露天停车场。男人们在凉棚里坐集，本是为了消磨时间。等坦田河涌露出脸来，他们便纷纷离开凉棚，解下拴在凉棚下面的小艇，挥动手中的木桡，驶向各自的目的地。刚才还人声鼎沸的凉棚，顷刻人去棚空，凉棚底下的"停艇场"也就水静鹅飞。当然，潮水涨落的时间每天都不一样，潮水跟着月亮走，人们的劳作时间和休闲时间也跟着潮水走，凉棚里的人潮也跟着河里的潮水一起涨落。正是这种受制于潮水涨落的坦田农耕方式，催生且维系着漳澎涌边凉棚这个专属于男人们的天地。

棚长管理下的公共场所

漳澎的凉棚既不为私人所有，又不为宗族所有，更不为官家所有，它是一种不分贵贱、面向村民的民间公共设施。在里面活动的，既有居住在青砖大房、坐拥千亩良田的大财主，也有栖身茅寮、靠打短工或捕鱼捉虾维持生活的贫苦耕仔，既有衣着光鲜、温文尔雅的乡绅，也有凶神恶煞、枪不离身的绿林大天二。不管是何方神圣，他们都有一个共同的身份——漳澎乡亲。

在漳澎，凉棚如此强烈的草根性和公共性，是从全村第一座凉棚诞生起便决定了的。当初搭建凉棚者，多是出于意气相投，有着共同的话题和需要。建凉棚也是经过大家商议一致以后才付诸行动的。于是，在选定地点以后，有钱的出钱，有力的出力，一座供这几个人休憩聊天的凉棚便搭了起来。这座凉棚便成了这几个人日后的"公产"。以后又有其他人来到凉棚坐集闲聊，不知不觉，越来越多人加入"群"中。随着时间的推移，入"群"的人越来越多。为了满足后来者的需要，凉棚自然要扩大。当然，入"群"的人不会两手空空而来。毕竟，要扩大凉棚，是需要增加不少竹、杉和茅夹的。可以肯定，漳澎开始出现公共凉棚时，村中富人并不多，合伙搭建凉棚的，应该都是一些家中房舍窄小、每天都在焦急等待水退才外出干活的耕仔。

漳澎的凉棚，既然由坦田农耕方式直接催生和维系，可以说，它是坦田农耕文化一个重要组成部分。不管怎样，它同坦田农耕一样，与潮水的涨落密不可分。故此，它总是搭建在能第一时间知晓潮涨潮落的河边，而其中临河的一面，也必有一个亲水平台。依涌而建的凉棚，基本上都是悬空立在河道水面之上。这样一方面可避免占用村中可供建房的土地资源，要知道，这种土地资源在漳澎立村以后一个很长的历史时期都是甚为稀缺的。另一方面，也方便村民生产、生活：涨潮时，从田里收工回来，把船艇停泊在凉棚底下，沿着梯子登上凉棚休息；退潮时，沿梯子走下小艇，然后赶往工作地点。

凉棚的选址，一般都不会过于偏僻，特别是村中人口增多以后搭建的凉棚，更多的是建在更能纳众、更能为村民提供方便的地方。村中现存历史较长的凉棚，旁边都建有较为开阔的公共埗头，这是妇女挑水、洗衣、淘米、洗菜，孩子们洗澡、嬉水的天地。村民的船艇，也在这里靠岸，人员的上落及货物的装卸都在这里进行。凉棚和埗头相依傍，亦方便了村中男女老幼之间的交流。在凉棚旁边，通常还植有一至两棵榕树。这些美髯飘飘、与凉棚和埗头的年代一样久远的古榕，像巨大的绿伞，把凉棚和埗头都遮盖得严严实实。盛夏之时，东南风从虎门方向频频吹来，凉风习习，流水汩汩，榕荫斑驳之中，使人更觉凉上加凉。至于是先有凉棚后植榕树，还是先有榕树后搭凉棚，那就不得而知了。

凉棚的选址还要考虑通风、日照、河涌走向等因素。村中的同和社、和平社、和安社等凉棚，就建在正对河涌的分汊或汇合之处。这样的地理位置，也更方便人们扒艇向不同方向出行。

毋庸置疑，为了不占用资源稀缺的陆地，最初在漳澎出现的凉棚，整体建筑应该都是离开河涌的岸边而孤悬在河面上的。随着村中人口的增多，凉棚的面积也不断扩大。所幸的是，这时村中淤积的陆地也多了起来。为了节省材料，也为了凉棚更加坚固，凉棚不再整体悬空在河面上，而是一半靠在陆地，另一半吊在水中。这种形式既保留了原来当风临水的特色，在节省建筑材料的同时，亦使凉棚获得更好的安全保障。这种搭建方式，后来成为村中凉棚的主流式样，即使后来改用钢筋混凝土和砖瓦结构，这种一半在陆一半在水的式样一直没变。

漳澎村内现存的十多座凉棚都是经过多次重修才变成现在这个模样的。在村中老人们的记忆中，传统的凉棚并不是现在这个高大上的样子。20 世纪五六十年代漳澎的凉棚与清代、民国时期的传统凉棚式样没有多大区别。这些凉棚多采用水松木、杉木、竹子及用蔄叶、蔗壳（叶）或稻草编成的"茅夹"作为建材。20世纪 70 年代以前的凉棚基本上都是竹木结构，后来有些凉棚改用松树皮或者油毡纸做盖顶材料，以取代极易着火的茅夹。

搭建凉棚，首先从水中的基座建起，基座一般用水松木或杉木插入河底充作柱桩。两者之中，以水松木更优。水松木质地坚硬且耐水，能够置于水中多年而不腐烂。凉棚半悬在水中，每天人来人往，柱桩一定要稳固。一般来说，大的凉棚要使用 10 多根甚至 20 至 30 根水松木作柱桩，才能承受得起重压。立好柱桩后，在水面上合适的高度用杉木板铺设底面，铺设高度以一年中涌里最高潮位时地板也不受淹为宜。地板铺设之后，再在两侧用毛竹搭成一个十字形的支架，用以支撑和加固，增加凉棚的稳定性。

漳澎最早搭建的凉棚，只是供"群"里的人坐集闲聊用，只搭一层便够用了，所以一般都不会搭得太高。后来发展到有人在里面住宿过夜，地方不够，便加建了二层。一般说来，无论是一层或是两层，棚顶的高度并无定规，但若条件允许，还是高一点为好，因为凉棚顶部距底面有足够的距离，才能使凉棚充分通风，也不会使人有受压迫的感觉。此外，还可使顶面的倾斜度适当地增加，下雨时雨水可以快速流走，有效地减少雨水对棚顶的压力。不过，高度会影响建筑成本和防风能力，所以凉棚也不能一味贪高。毕竟漳澎四周无遮无掩，每年的台风并不是那么好对付。

搭好框架后，便要在凉棚顶部盖上茅夹，以便遮阳挡雨。所谓茅夹，是用茅草编织而成、呈块状的遮盖物，盖在棚顶上可当瓦使用，若扎在棚的四周，则作墙壁之用。茅夹只是一个统称，漳澎无山，茅草是稀有之物，果真要用，要驾艇到增城的新塘等地购回。村民编织茅夹多是就地取材，先是坦田里的稻草、泥坦里的水草和萌草，围田以后则是香蕉叶、甘蔗叶等。

漳澎的凉棚通例只有棚顶，而无墙壁，这样便于通风、透光。在遭遇风雨或隆冬有特别需要时，在晚上有人住宿的地方，才会临时性地用席子之类的东西围蔽。由于茅夹的寿命普遍不长，因此不管凉棚搭得多么结实，隔几年便要更换，平时也有被大风吹破、漏水、着火之虞。用什么材料盖棚顶，一直是人们讨论的话题，而频繁地更新棚顶的遮盖物，也成了困扰村民的烦事。约从20世纪70年代开始，为了免除经常维修棚顶的烦恼和消除火灾隐患，漳澎的凉棚便开始改为钢筋水泥结构。这样，凉棚更加稳固、耐用，也大大增加了安全性。不过，凡事都有两面，茅夹虽有不少缺点，但透气性、散热性强，而这却恰恰是钢筋混凝土的弱点。如果光从凉快这一角度考虑，用茅夹来盖凉棚的顶，也许是最合适不过的。

由于只是供几个人闲坐，漳澎最初的凉棚都较为低矮，多只有一层，面积也不大。但随着村里人口增多，加之后生们把凉棚作为夜宿之所，入"群"者源源不断。因应时势，凉棚的式样和格局发生了很大的变化，棚顶的结构从简单的人字形变成四檐滴水，棚面方方正正，内里也较宽阔，这也就是人们常说的棋盘格局。这时，只建一层已远远满足不了需要，土地不多，凉棚只好往高处长，在上面加建一层。由于各种因素的制约，漳澎的民居，无论是茅棚、泥砖屋，还是青砖屋，普遍只建一层，唯独公共凉棚例外。

漳澎凉棚的面积有大有小，并无一定之规。据老人回忆，漳澎过去最大的凉棚可以同时供近百人过夜。但整体上说，村中以两层总面积 100 平米左右、能够同时容纳四五十人过夜的为多，现存的十多座凉棚，大多是这个规制。无论面积大小，凉棚上下层的功能却是分得清清楚楚。下层大部分地方供男人们聊天，或开展玩乐器、讲故事、打扑克、下象棋等娱乐活动；此外，还辟出一块小区域供一些初出茅庐、在二层排不上铺位的少年晚上睡觉。二楼则是年龄较大的男青年的宿夜之所。一层除了少年们睡觉的地方，摆设有长木椅，供大家安坐。二层主要是由木板铺成的睡榻，这些睡榻并无床与床之间的分隔，也是大通铺，就像村里的坦田一样平坦。虽然没有分隔，但每个人睡觉的位置都是相对固定的，平均起来每个人有约 80 厘米宽的位置。无论是白天还是黑夜，也不管进来活动的人有多拥挤，人们绝不会把娱乐活动搬到二层，在二层睡觉的后生，也绝不会躺在一层的长椅上。

凉棚中还有一个重要的设施，便是"卫生间"。这个地方之所以重要，除了能为解决"内急"提供方便之外，它还是凉棚日常唯一的经济来源。在农耕时代，漳澎的男人们除了到田间干活之外，几乎所有时间都耗在凉棚里，免不了要解决"内急"，兴头之上，断不能跑回家中或光天化日之下在涌边解决，于是，在搭建凉棚的时候，这个方便之处便成了凉棚的标配。当然，这个卫生间极为简陋，在凉棚外面选个地方，在地下放上一个大瓦缸，在大缸周围用竹子搭个架，架顶上盖上茅夹，周边用茅夹遮掩，便大功告成。位置一般选在凉棚的西北角，漳澎较少西北风，缸里的臭味便不至于时时吹向凉棚，倒了大众的胃口。虽然如此，但大缸里的味道还是免不了有时会渗进凉棚内，人们对这个离不开，但又不想靠得太近的"宝贝"敬而远之。故此，凉棚内西北角的铺位便成了在凉棚住宿的后生最忌讳的地方，迫于无奈睡在这个地方的人基本都是一些"综合实力"不如别人的弱者。只是这个"弱"字，不同历史时期有不同的解释罢了。

人多势众，大缸总有满载的时候。大缸一满，意味着凉棚新的一笔收入有着落了。原来，漳澎的凉棚有个规矩，大缸里的东西属于凉棚所有，每当大缸装满，便要将缸中之物作为拍卖品，举行一场拍卖活动。不论是"群"中人或是"群"外人，都可以参加投标，价高者得。在没有化学肥料的年代，这缸中之物便是上好的肥料。当然，坦田时代，这些肥料是不能洒到坦田上的，但村民的房前屋后总有些香蕉、水瓜、葫芦瓜之类的作物，将缸中之物拍了回去，大有用武之地。拍卖所得多用于凉棚日常的维护、乐器及一些必要设备的添置。凉棚整体的重建翻新，也有了资金上的保障。当然，大的开支，还得靠"群"里的人凑合。

凉棚搭起之后，"群"里的人便多了一个养精蓄锐、放飞心绪的地方。但同时，又平白无故多了一重牵挂。因为凉棚与村民日常居住的茅棚一样，时常遭到大火和台风的侵袭。漳澎地处珠江口，孤悬在狮子洋中，四周无遮无挡。台风季节，立在河涌边的凉棚首当其冲，常常遭到扫荡。以前，没有任何台风到来前的警报发布，以至有时睡到半夜，台风突袭，凉棚被掀去棚顶。更有甚者，整座凉棚都被吹倒，在里面住宿的后生在梦中惊醒，纷纷跳水逃生。遭遇火灾比台风更为可怕，漳澎一向采用稻草作煮饭的燃料，用的又是带烟囱的大灶。煮饭时，家家烟囱冒烟，未燃透的草灰带着火星从烟囱冲出，在空中被大风吹得满天飘荡，这些火星很容易落在附近凉棚的棚顶上，把棚顶的茅夹点燃。遇到这种情形，漳澎人一般不会躲避，而是齐心协力参与抢救。好在凉棚都搭在水边，取水容易，为灭火提供了有利条件。漳澎村的许多老人，都有过自己所在的凉棚着火或参与别的凉棚救火的经历。漳澎这种一处着火、大众扑救的风气应该在凉棚出现之前便已养成了。立村之初，村民居住的都是茅棚，而可供搭棚的高地不多。茅棚挤在一起，倘若有一处不慎起火，若扑救不及，势必会殃及乡邻，搞不好便会"火烧连营"。200多年来，漳澎村民一定是历经多次惨痛教训，才练就了这种守望相助的好风气。凉棚着火，若火头在低处还容易处理，若火头在棚顶高处，人力泼水远远够不着，只好"丢卒保车"，把够得着的茅夹扯掉，以防大火往下蔓延。到了近代，民间出现了消防水枪，村内条件较好的凉棚一般都配备几支，以备不时之需。一旦发生火警，便用消防水枪从河里往上喷水灭火。凉棚改为水泥钢筋结构后，这些设备也就逐步退出了。

凉棚既是一个公共场所，日常在里面聚集娱乐或住宿的，便形成相对固定的群体。既有人群，便涉及日常的秩序管理。凉棚本身以及凉棚里面的桌椅、乐器、消防器材、厕所等公产，也需维护和管理。推选一个凉棚管理者便势在必行。凉棚管理者，当地称"棚长"。棚长由"群"里的人担任，由"群"里的人推选，其管理范围只在凉棚之内。

说到底，漳澎是个农村，投票、举手等选举动作与这里远远沾不上边，而宗族及政权的触角也伸不到这里，棚长的推选全凭"群"里的人你一言我一语推选。当然，要想"全体通过"，在这个松散的群体里也难以做到。棚长没有任何报酬，纯粹义务为群众服务，人们在推选时也只是取其大势而已。不过，正所谓"群众的眼睛是雪亮的"，棚长的候选人自小在凉棚住宿，长大后即使搬回家住，也经常在凉棚进进出出，人们对他的品行、性格及能力，可以说是了如指掌，推选起来也不是什么难事。能当上棚长的，大都具备以下几个条件。一是品行端正。棚长只有一个，既无副手，更无委员会之类的管理团队辅助，肥料投标、凉棚维修，以及乐器、桌椅的维修及购置等，都要与钱打交道，没有廉洁奉公的品德，人们断信不过。二是处事公道。凉棚里你来我往难免发生纠纷，这就需要棚长出头解决、摆平。凉棚里有一句人们常常挂在嘴边的话，叫"大话细听"。这句话里面包含两重含义，其一是长辈的教导，做后生的要听从；其二是说德高望重的人提出的要求，普通人要照办。如果棚长品德不好，办事不公道，难以化解矛盾纠纷，更难服众。三是年富力强。按理说，棚长的年龄并没有什么限制，但人们的目光往往停留在一些年富力强、生活经验丰富的人身上，而那些年老体衰的老人及初出茅庐的后生，便不在考虑之列。棚长日常事务不多，但因为是义务性质，又是业余行为，没有较强的办事能力，难以将凉棚的事务办得干脆利落。漳澎是杂姓村，凉棚也是众姓云集，能得到不同姓氏的人拥戴，当上一棚之长，也是一件极其光荣的事，以至几十年过去之后，一些当过棚长的老人，提起以前当过棚长的事，无不一脸的自豪与满足。

漳澎的凉棚什么时候开始设置棚长无人知晓，人们只知道这个规例从清代传至民国时期，再从民国时期传至新中国成立以后。集体化生产时期，在生产队长、生产大队长、大队党支部书记之外，仍然保留了凉棚棚长，产生办法依然是公推公议公定。"大话细听"仍是维持凉棚秩序的不二准则，棚长的职责也没有多少改变。只是在进行大维修需要大笔资金投入时，生产队也作为其中的一个出资主体。有了生产队这个"金主"，棚长顿时省心许多。事实上，早在20世纪50年代初合作化推行之时，作为凉棚所有者的那个"群"，已悄悄地与合作社、生产队这些集体生产群体融合在一起了。

男人的专属天地

在广东的农村，常见村民聚集在大树下，或寺庙前，纳凉闲聊。从某种意义上说，这些地方也算是公共场所。大概因为中国长期是个男权社会，到公共场所来的几乎全是男人。家长里短、村中的公共事务乃至国家大事，都是议论的话题。有人戏称这种公共场所是永远也没有决议产生的"百姓议事厅"。漳澎的凉棚就是这样一种典型的"百姓议事厅"。

在漳澎，凉棚从诞生之日起，便是男人们的专属天地。由于坦田农耕有别于旱地农耕的特殊性，漳澎的男人和女人在日常生活分工上泾渭分明。男主外，女主内，在这里成为不可逆转的分工。到坦田锄田、割禾，或到河涌里捕鱼摸虾，都需过河蹚涌，要与风雨、急流、泥泞打交道，要么动用船艇，要么亲自下水，体力消耗大，中途还时不时会遭遇难以预测的麻烦甚至危险。女人体弱，应变能力较差，每天在外从事这样的劳动实在不适宜。故此，漳澎的妇女，几乎都只是留在家中操持家务，煮饭、带孩子、磨谷、春米、洗衣……像坦田里的事妇女们一般不管一样，妇女们干的那些家务事，男人们一般也不插手。于是，只要不是到坦田干活或是到河涌捉鱼虾，男人们便会待在凉棚里。事实上，在漳澎这个与外界没有陆路相通、出入只能依靠船艇的孤岛里，休闲时间不去凉棚还能去哪里？要知道，周边离这里最近的村庄，扒艇去一趟来回至少得半天哩。日久天长，漳澎的男人便养成一种不粘家的习惯。可以说，在不外出干活的时间里，他们泡在凉棚的时间比宅在家中的时间要多得多。

由于坦田一年只种一造水稻，除了锄田、下秧、莳田、割禾之外，并无其他田间管理工作可做。五月的落山之后，便一心等待十月割禾了。这中间，有四个多月不用到田里干活。因此，凉棚内很多时候都是人声鼎沸，水台上的长凳上，墙边的大通铺里，往往是座无虚席。

像所有中国农村的"百姓议事厅"一样，漳澎的凉棚既是各路信息的集散地，也是一个任人自由发表意见、不拘"百家争鸣"的舆论场所。不过，漳澎毕竟是一个没有陆路与外界相通的孤岛，消息相对闭塞，村中每天的新闻也不会太多，所以，田头的生产和家中的生活，当是议论的中心。凉棚出现的初期，由于在这里聚集的人其先祖或本人都是来自四面八方的移民，很自然地把故乡的生产方式和生产经验带到这里进行交流，孰优孰劣，都拿到这里比较一番。久而久之，一套在漳澎行之有效的坦田生产方式、方法及耕作器具便在人们的议论、比较中逐渐形成和推广。

除了下田劳动，捕捉鱼虾可算是漳澎男人们的第二职业。既然是职业，就需要具备熟练的技能和得心应手的工具，鱼虾蚬蚌如何捕获便成为男人们议论的重点话题之一。人们在议论中对五花八门的捕捞方法和捕捞工具进行比较和研究，更有的人现身说法，与大家分享成功的经验或失败的教训。

还有一个话题，恐怕是在其他村庄的"百姓议事厅"里少有提及的，那就是有关"桡架"的讨论。在漳澎，船艇是人们日常出行和运载东西的座驾。这些座驾，以小艇居多，顶多只能坐两三个人，而更多的时候，都是单枪匹马，独来独往。操驾小艇的工具，用的都是桡，而非橹或桨。在漳澎，人们通常把驾驶小艇称作"扒桡"，把包含姿势、力度在内的一系列扒桡动作称为"桡架"，就像武行中称"功架"一样。艇仔既然是漳澎男人的座驾，扒桡可以说是他们的一项谋生本领。桡架的好坏，便跟他们每天的工作成效息息相关。拥有好的桡架，是很多漳澎男人追求的目标。特别是村中打造了自己的龙船之后，桡架便成了登上龙船成为一名众人羡慕的"扒仔"的踏脚石。故此，在凉棚，桡架也就成了人们议论的重要内容。

日子悠长，光靠聊天来打发时光远远不够。凉棚内，还有不少可供娱乐消闲的玩意，古老一点的如下象棋、围棋、金钱棋，现代一点的如打扑克等。在某些凉棚里，还有人在讲古。《大话西游》《古仁中》《伦文叙》……讲古佬都是漳澎人，讲古是业余性质，水平也不甚高，所得报酬唯几个炒米饼而已。不过，凉棚里的老老少少，都听得津津有味，讲古佬在一个凉棚讲完又转到另一个凉棚，也乐此不疲。还有从外地漂泊而来、挎着小锣鼓唱龙舟的。这龙舟佬白天在凉棚卖艺，晚上在凉棚随便找个角落过上一夜，所得报酬每天可有一筒半升白米，所得白米都装在随身携带的一个布袋里。至于一日两餐，是大可到农家搭煲的。漳澎人生性好客，一般都不会拒绝。

凉棚里最大的娱乐项目应是男人们操琴玩音乐，当地称为"玩弦索"。二弦、南胡、三弦、秦琴、扬琴、箫、小提琴、木琴……

进得凉棚的男人，谁都能来两下，这弦索一玩便玩了一百多年，而且还玩出了香熏百里的味道。

在凉棚这个漳澎男人的专属天地里，晚间在这里住宿的后生们，更像是这里的主角。随着来漳澎定居的人越来越多，居住的问题越来越突出。情急之下，有人便打起了凉棚的主意，毕竟每天只是在涨潮开不了田、捕不了鱼虾时，凉棚里才会有人聚坐娱乐，待潮水退去，很快就会人去棚空，到了晚间睡觉时分，凉棚里更是寂无人影，如此好的一处过夜场所，空在那里岂不浪费？于是，后生们开始三三两两相约在凉棚过夜。慢慢地，在凉棚过夜的后生多了起来，原先搭建的凉棚显得小了，因应现实的需要，凉棚不断扩大，乃至加层。为兼顾睡觉与聊天娱乐，后生们的睡床都安排在二层。说是床，其实是一个没有隔断的大铺位。白天，人们都把被席卷起来，搁在棚顶的某个地方，晚上睡觉时再拿下来铺。而在这个大通铺里，每个人的位置都是固定的。

一开始，在凉棚住宿的后生年纪都比较大。这些人有一定独立生活的经验，离家在外住宿，家人比较放心。在这些后生带动和看护下，一些年纪尚幼的小后生，也有样学样到凉棚过夜。家里人多，住房逼仄，十二三岁的年纪便要出外住宿，实在也是逼于无奈。也许这些小后生扛着被铺来到凉棚的时候，二层的铺位已经满座，他们只好在一层安排，等候日后二层有空铺位的时候再搬上去。不过，这里面也有先来后到的规矩，二层有空位，当然是最先到来的先上。人们渐渐发现，后生们集体伴宿好处多多，互相影响之下，离开家庭到凉棚住宿，成了村中后生自理能力强的标志。那些仍在家中住宿的后生，则被戴上"这么大了还离不开妈妈"的帽子，遭到同龄人的耻笑。久而久之，权宜之计竟成为一种代代相传的习俗。这时的凉棚，除了供男人们闲时休憩娱乐之外，又成了未婚男性夜宿的"后生馆"了。

以往农村教育事业落后，能到私塾或学堂学习的人不多，更多的后生早早便跟着父亲到田里干活，到河涌里捉鱼摸虾。闲时，白天他们也像成了家的人一样泡在凉棚；在家用完晚饭后，把饭碗一丢，便又到凉棚来。或在河里洗个澡，换了衣服端坐在水台边的长椅上；或坐在大通铺里，听大人们谈天说地，看着乐手们熟练地演奏。

村中的后生一旦离家住进凉棚，便不会中途离开回家去睡，也不会转到别的凉棚投宿，而是一直在凉棚住到结婚成家的那一天。洞房花烛当日，新郎在家中用鸡蛋、酥饼等物料煮上一锅糖水，用水桶抬到自己住宿的凉棚请大家吃，在宣告自己成家立室的同时，以一种甜蜜和温馨的仪式，向宿友们告别。当然，这些糖水并不是单独为在凉棚住宿的后生们煮的，盛糖水的水桶放在水台上，在这凉棚坐聚的男人见者有份。结婚以后，男人可以回到自己寄宿过的凉棚坐集，吹吹牛皮，玩玩乐器。不过，他这时的身份已不再是后生，而是被称作"老婆佬"了。他离开后空出来的铺位，自然有原先住在一层的一位小后生补上。

一些因各种原因娶不到老婆的男人，不管年纪有多大，也不管他在后生面前有多尴尬，都会继续留在凉棚里住宿。不过，时间久了，人们就不再把他算作后生，在提到他的名字时，大家会在名字前加上"单公"两个字。例如，这人叫阿雄，人们便叫他"单公雄"。在漳澎村，获得"单公"称号的人并不少，个别一辈子都娶不上老婆的人，更会与这称号相伴终生。一旦某位"单公"知"耻"而后勇，发奋图强娶了老婆，堂堂正正宣布脱去"单公"的尴尬身份，他抬着糖水来到凉棚告别宿友的场景，当然要比一般后生宣布结婚热闹得多。

　　自有凉棚以来，没有一个男人成家之前没在凉棚住过。凉棚既是专属于漳澎男人的聚集场所，也是每一个男人的婚姻出发地，这里更蕴藏着他们永远也抹不去的青春记忆。

　　到了清末，漳澎村已有不少茶楼、商铺、烟馆、赌场，甚至妓院，俨然小集镇了。从民初到新中国成立前的三十多年里，漳澎为土匪盘踞，成了漳澎人所说的"贼佬世界"。"吃喝嫖赌"的不良习气开始侵蚀漳澎的男人。十分奇怪的是，尽管有些凉棚与那些乌烟瘴气、坑害良民的场所近在咫尺，但麻将、鸦片、妓女等却极少在凉棚出现。那些喜欢到妓院嫖妓、到鸦片馆吸鸦片、到番摊馆赌钱的男人，来到凉棚，也都规规矩矩，该聊天的聊天，该下棋的下棋，该玩弦索的玩弦索，不敢越雷池半步，凉棚还是以其纯朴的面目屹立在漳澎的河涌边。

和谐包容的精神家园

　　在漳澎，凉棚往往被唤作"××社"，有同和社、同英社、同力社、协和社、福和社、和安社、聚福社、重福社、农安社、农义社……"社"指某种集体性组织，可见漳澎的凉棚是有别于一般人去便楼空的公共场所的。这一个个带"同"字、"和"字、"福"字、"安"字的名字，揭示了漳澎的凉棚作为社会团体的内在性质，亦宣示着村民对和谐、幸福、平安社会的崇尚、追求。在珠江三角洲的水乡中，被称作凉棚或具有凉棚同等功能的场所星罗棋布，但以"社"的面目出现，并冠以寄托美好愿景名字的，恐怕只此一家，别无分店了。

　　凉棚为什么是一个"社"，又为何会起这样一些名字，村中已经没人能说得清。其实，要弄清人们起这些名字的初衷，从漳澎的成村历史中不难找到答案。漳澎是个由渐次到来的移民组成的村落，这些移民带着不同的姓氏，日久天长，漳澎村的姓氏便越来越多。到了新中国成立时，男性村民的姓氏70多个。如此多不同姓氏的村民同居一村，在广东的农村是十分罕见的。新来的移民人单力薄，孤立无援，为了在漳澎立足，不得不抱团取暖。后来在有意无意中形成的男性村民在凉棚中坐集、住宿的习俗，使各路"英雄"不期然会聚在一起，这些由村民共同集资建成的凉棚，也就成了类似梁山水泊上的"聚义厅"了。最初搭建的凉棚，是没有专门名字的，或以凉棚所在位置的地名名之，或以合伙人的姓氏名之，或以凉棚的样子名之。在老一辈村民的口中，还不时有"孖巷尾凉棚""姓徐凉棚""高棚"等称呼。待到这个"聚义厅"声势壮大，因契合时尚要立"社"，并给这个"社"起名字时，粗通文墨的人很自然想起"同""和"之类的字眼来。很显然，和谐相处、包容共济，是当初合力搭建凉棚的初衷，也是后来立"社"的宗旨，但这何尝不是多年来陪伴漳澎村民一路走过来的"凉棚精神"，或说"漳澎精神"的所在？

明清的农村，宗族发展为族群维系的纽带，有实力的大族纷纷建起宗祠。移居漳澎后，一些发展得较快的族群，如上魁陈氏、悦田林氏等已有实力修建本姓氏的宗祠了。如悦田林氏，咸丰十年（1860）左右便建起了类似宗祠性质的十德堂，后来相继建了规模更大的悦田林公祠和逸南林公祠。上魁陈氏，很早也为陈上魁的曾祖父陈圣林建了圣林陈公祠，而有相当规模的上魁陈公祠，修建时间约在光绪年间。至于赵氏、黄氏、徐氏、丁氏等宗祠，建得就更晚。不管怎样，在宗祠建立之前，那些不分姓氏、自由组合搭建的凉棚已经出现多时了。可以说，当漳澎个别族群的宗祠崭露头角的时候，那种不分姓氏族群和睦共处、守望相助共建美好家园的观念，已经在漳澎这个百家姓移民村里深深扎下根。从人数上说，来路五花八门、没有宗祠维系的漳澎人的人数要比有宗祠维系的多得多。即使是建了宗祠的族群，由于资历太浅，在族群的号召与维系上也是软弱无力的。可以这样说，在漳澎，宗祠在人们日常生活的凝聚力，远远比不上没有宗族色彩的凉棚。当然，宗祠与凉棚并不是一对互相排斥的冤家，两者可以并行不悖地生存和发展，宗祠有族长理事，凉棚有棚长管理，正是井水不犯河水。而对于一些有宗族祠堂的村民来说，宗族有事，如年尾"太公分猪肉"、族人结婚在祠堂摆酒席、族人生子在祠堂开灯请喝灯酒等，大可回到本宗族的祠堂参与，而在其余时间，他们应该是泡在不分姓氏宗族、大家共处互容的凉棚里为多。

凉棚的和谐与包容，并不单单体现在村民不分姓氏的融和共处，对素不相识的不速之客，特别是那些天涯沦落人，凉棚也都表现出大度与宽容。长期以来，漳澎村民耕的是坦田，难得有旱地用来种植蔬菜，所以，村民吃的新鲜蔬菜多靠外来的小贩供应。有些小贩若当天未能离开，晚间收市后便将装着货物的小艇停泊在凉棚下面，然后抱着被席登上凉棚，说声"今晚在这里借个宿"，便随便找个空隙安顿下来，熟络得就像自家人一样。凉棚里的人也从未拒绝过过路客。此时的凉棚，俨然一家为商旅途人遮风挡雨的客栈。

漳澎籍香港企业家陈冠杰，年青时与凉棚有过一段令他永难忘却的交情。20世纪50年代初，因为父亲远走、母亲入狱，原本在广州居住的他，顿时成了游荡街头的流浪儿。为了生存，还未满12岁的他，独自一人两手空空地从广州回到故乡漳澎。由于爷爷的阶级成分是地主，家乡的房子早在土地改革时被分掉，在当时"亲不亲，阶级分"的政治形势下，他无地可立、无家可归。接待他的李乡长见他如此可怜，动了怜悯之心。他利用自己的影响力，把陈冠杰安排到自己所在的生产社负责割草喂牛。落脚的问题算是解决了，但他的食宿如何安排，却令李乡长费了不少心思。无奈之下，李乡长把他领到了自己年青时住过的凉棚，把他交给了棚长。见是乡长交代，棚长和后生们不敢怠慢，他们在凉棚为这无家可归的苦人儿挤出了一个铺位，给了他一些米，并为他买来瓦煲，垒起灶台。有床无被，仍然难以为宿。大家都穷，难有多余的被子可拿出来，后生们对这苦孩子实在爱莫能助。棚长发现在凉棚的一个角落里堆着一堆禾虫啰——用来捕捉禾虫的网。眼下还未到捕捉禾虫的季节，正好闲着，禾虫**啰**虽说是网，但编织得很密，拿来盖在身上也算暖和。棚长便把这禾虫**啰**拿给了这苦儿，让他权当被盖……

二十多年过去了，历经磨难之后在香港和内地创下一番事业的陈冠杰回到了漳澎。他在故乡做的第一件事，就是出资将当年自己流落街头时庇护过自己的凉棚修葺一新。对于陈冠杰来说，凉棚岂止是庇护所那么简单？凉棚是不会说话的建筑物，真正温暖他的心的是凉棚里的人，是历经一百多年来铸就的和谐相处、包容共济的"凉棚精神"。凉棚留给陈冠杰的记忆，既是悲苦的，又是温馨的。

在漳澎这个移民村落里，守望相助、共济包容当然是一种值得推崇的美德，但凡事都有两面，有时好的初衷，也会生出另外一种结果来。如上文所述，漳澎除了较早到达、经过一定时间繁衍的族群人口较多外，初来乍到的，一般都显得人单力薄、孤立无援。为了不受别人欺侮，以便在漳澎立足，新移民抱团取暖的愿望更为强烈，再加上村中男性青年有共宿凉棚的习俗，有些人便效法古人义结金兰之举，决意"有福同享、有难同当"，相互结拜成异姓兄弟。此例一开，几成风气，历史上，漳澎村民结为异姓兄弟的例子屡见不鲜，这种风气竟一直沿袭到新中国成立以后。

正所谓"树大有枯枝"，像漳澎这样一个人口众多、人员来历复杂的大村庄，出现一些游手好闲之人乃至鸡鸣狗盗之辈也毫不奇怪。俗语说"物以类聚，人以群分"，如果结拜成异姓兄弟的都是些勤劳善良的大好青年，在生产上互相帮助，在生活上互相关心，在道义上互相支持，这于己于人于社会都是十分有益的事。但若是一些平日好吃懒做、偷鸡摸狗、惹是生非的人结拜成异姓兄弟，便有可能成为不安定因素。清朝灭亡不久，漳澎初现匪迹。根究起来，最早的匪患恐怕就是滋生于这"有福同享，有难同当"的结拜风气之中，而最终酿成声势浩大的匪帮，则是本地贼人与外地流窜贼人狼狈为奸的结果。在随后的几十年间，漳澎先后为几个贼佬团伙所盘踞，成为远近闻名的"贼村"，在演绎一部精彩的坦田农耕史的同时，又演绎着另外一部土匪大天二的江湖争霸史。其中，无论是最初在漳澎立地为王，由陈淦、丁福、徐光三人领头的"公立堂"，还是由刘老定等七个人为首的"七星堂"、陈佳等十九人领头组成的"十九友"，领头人物无一不是焚过香、叩过头的结拜兄弟。以陈淦为首的公立堂，结拜兄弟竟有整整40个之多。把漳澎称为"贼村"的责任推给凉棚，实在有些冤枉。看过《水浒传》的人，都知道梁山泊一百零八名头领结过拜。纵观中国历代的绿林山寨，里面的大王小王，哪一坨不是以兄弟相称？焚香结义，应该是绿林江湖的通例吧。不过，由凉棚包容共济精神派生出来的结拜风气，应是漳澎人喜欢抱团结伙的思想土壤之一。在崇尚江湖义气这一点上，凉棚的结拜风气恐怕难辞其咎。

不管怎样，凉棚是漳澎村的男人一生中必须进驻的一个驿站，它既是男子步入婚姻殿堂前的出发地、又是村内外各路信息的集散地、农家乐手的养成地、扶危济困的庇护所。从某种意义上说，它更是人们崇尚、践行和谐相处、包容共济的精神家园。

凉棚的一切，到了20世纪90年代初，却像中了魔法似的戛然而止。这期间，中国的改革开放正向纵深发展，漳澎村延续了两百多年的农耕形态、实行了近半个世纪的集体管理体制，在改革开放大潮的冲击下迅速土崩瓦解。村民特别是青年男女纷纷洗脚上田，告别了日出而作、日落而息的农耕生活，转到外边闯荡。紧张的打拼和五彩缤纷的外部世界令后生们无暇再留恋凉棚的大通铺。此时，国家物资丰富了，人们手中的钱也多了起来，建新房时，人们普遍使用了钻桩技术，三层以上设施齐备、装修上乘的住房如雨后春笋般涌现，村民的居住环境发生了巨大变化。留在村中的后生，也大可不必再去设施简陋的凉棚里栖身了。

缺少人气的凉棚渐渐破败了，昔日熙熙攘攘的男人世界，变得门庭冷落，挂在墙上的乐器消失得无影无踪，麻将台似乎成了凉棚的标配。水台上依然有人坐集，但大都是一些鹤发鸡皮的老者，在这里，悠扬悦耳的广东音乐再也听不到了，不绝于耳的是"噼噼啪啪"的麻将的撞击声。这里不再是男人独有的天地，不少喜欢摆弄麻将的妇女也成了常客。

时间和环境显然改变了这里的一切。凉棚的衰落，不能不说是时代演进的使然。不过这种演进也实在太不讲道理了，根本不容抵挡，凉棚里叠聚了一百多年的文化积淀便被冲得没了踪影。

为了保护凉棚这个村中瑰宝，从2018年开始，漳澎村投入资金，陆续对村中的十多间凉棚进行"升级改造"，有的拆了重建，有的修旧如旧。但是，即便是修旧如旧，即便是那块写着某某"社"的牌匾还镶嵌在凉棚的墙壁上，陪伴漳澎人多年的凉棚文化还会回到这里来吗？

漳澎的凉棚已成为人们永难忘却的文化记忆。

女子部落

娘仔房（林苏基绘）

拜七姐（林苏基绘）

娘仔房

在漳澎，未婚男子被称作"后生"，未婚女子则被称为"大姐"。不过，"大姐"只是日常的称谓，在特定的场所里，她们又有一个特别的称谓——"娘仔"。这个特定的场所就是当地的"娘仔房"。

与后生们夜间聚宿凉棚相对应，漳澎的未婚女子也有自己的聚宿场所，那便是"娘仔房"。漳澎这种未婚女子抱团聚宿的习俗，当地称为"群娘仔"。"群娘仔"并非漳澎独有，珠江三角洲一带农村普遍盛行，有的地方称作"群妹仔"，"妹仔"夜宿的地方则叫作"妹仔房"。虽则这样，但细究起来，漳澎村内娘仔房数量之多，内涵之丰富，覆盖群体之广泛，却为别处所不及。像漳澎村的男性基本都住过凉棚一样，村中土生土长的女性，极少没有住过娘仔房的经历。就这一点，在珠江三角洲的村庄中，漳澎可谓独一无二。

漳澎"群娘仔"的习俗何时形成，与漳澎的后生何时开始在凉棚聚宿一样，都已无从查考，但有一点可以肯定的是，这种习俗的形成要比后生在凉棚聚宿晚。究其形成的原因，除了受后生聚宿凉棚的风气影响之外，与家中人口多、住房逼仄也有着莫大的关系。当然，和睦相处、抱团取暖的移民心态也促使她们走到一起。不过，当"群娘仔"成为一种习俗以后，住房逼仄就再也不是未婚女子入住娘仔房的理由了。在漳澎，女子到了一定年纪，哪怕家中的住房再大再多，也是要入住娘仔房的；如果不住，就会像不入住凉棚的后生一样，被人耻笑了。

与凉棚建在涌边不同，漳澎的娘仔房，大都设在单身女性的家中。这些女性或守清，或守寡，或梳起不嫁，大都无儿无女，为了排解孤寂，招娘仔入住。此外，一些家中有富余的房子，女儿又到了要入住娘仔房年龄的村民，也会将房子腾出来作娘仔房用。但是，毕竟有富余房子的人不多，这种情形的娘仔房，在村中只是少数。当然，并不是所有有群娘仔意愿的单身女人都能如愿，能群上娘仔的单身妇女，都是村内被认为是品行端庄的人。若这女人名声不好，哪怕房子再大，也是没有娘仔肯住进去的。

漳澎村内究竟有多少娘仔房？有人粗略估算过，改革开放以前，娘仔房应有近百间。漳澎自立村以来长期缺建房的高地，村中民居都较窄小，充作娘仔房的房子也不例外。娘仔房中，除了主人自己的床外，一般还可再摆上三四张娘仔睡的床。住在一起的娘仔，多的有十来个，少的三四个，或独睡，或"孖铺"，甚至有三个人睡一张床的。一般来说，家中住房极为困难的女孩子，到了八九岁就要入住娘仔房，而家境稍好的，十三四岁也要到娘仔房去住了。同住一个娘仔房的娘仔大都年龄相仿，但也有年纪较大的娘仔带年纪较小的。有这种情况的娘仔房，小娘仔要服从大娘仔的管教，这和"大话细听"的"凉棚规则"是一样的。

同住一个娘仔房的娘仔多是自由组合，邻居、亲戚、熟人、志同道合者居多，也有亲姐妹同在一起的。一般说来，娘仔的家距离娘仔房不会太远。与凉棚一样，娘仔房也是个和谐包容之地，即使是"以阶级斗争为纲"的年代，家庭成分的差异也未能成为娘仔们组团或入群的障碍。

进入娘仔房住宿的娘仔虽然不用缴纳什么费用，也不须负责屋主人的日常开支和生产，但挑水、扫地、碾米、搬运柴草这些家务事总是要帮忙做的。没有近亲在身边的屋主人若要到医院看医生，很多时候都由娘仔护送。一处家屋充当娘仔房的时间长短不一定，主要视主人家的情况而定。如果主人家得了重病或有其他不方便的地方，娘仔们只好另觅他处栖身。与后生们基本固定寄宿在一个凉棚不同，娘仔们的寄宿地点和同宿组合只是相对固定，须根据实际情况做出变更。对娘仔而言，住过多个娘仔房是常有的事。

与后生仔结婚不久便离开凉棚的情况不同，娘仔在结婚后并不是马上告别娘仔房到夫家的新房住宿，大多数人只在过年过节时才回到夫家小住几天，其余的时间都会回到娘仔房来，直到有了身孕一段日子，才正式告别娘仔房。当然，落户夫家以后，人还是可以随时带着孩子回娘仔房"探班"的，但这时她已不再被称作"大姐"，而是有了新的称呼——"夫娘"了。

未婚女子的养成所

像村中所有男人一有空便待在凉棚一样，娘仔们忙完田中的活及家务之后，几乎所有的时间都待在娘仔房里。

据一位80多岁的老人回忆，她住娘仔房时，除了玩一种叫"游糊"的纸牌游戏外，最时兴的便是学唱木鱼书。木鱼书自清代起便在东莞流行，以《花笺记》《二荷花史》《金叶菊》三书为首。东莞民谣有云："要想癫，唱《花笺》；要想傻，唱《二荷》；要想哭，唱《金叶菊》。"平日，木鱼书多为盲人所唱，以此养家糊口，故时人又称为盲佬歌。漳澎未闻有土生土长的盲佬歌者，但外地来漳澎靠唱歌换取白米的人却是不少。旧时漳澎妇女多不识字，听盲人唱木鱼书，成为她们获取知识和做人道理的一个途径。不少人记性好，听多了，便背下来。不过，娘仔们在娘仔房唱木鱼书时并没有三弦一类乐器伴奏，唱的也只是一些片段而已。

除了唱木鱼书之外，学唱"哭嫁歌""送丧歌"等，也是旧时娘仔们的必修课。因为长大以后，这些东西总有一天会派得上用场。

还有一些反映底层妇女痛苦的民间歌谣也在娘仔房里流传。一名90多岁的村民，还依稀记得在娘仔房唱过的反映穷人梦想有一天发财的"发财歌"："买田买到黎洲角（离漳澎不远的一个小村），收租收到广州城。"一名70多岁的村民则能唱出一大段当年在娘仔房看着歌本吟唱，反映旧时穷困女子无计可施之下卖儿卖女筹措水脚（粤语，指坐船的费用）过埠谋生的"过埠歌"："家中终日无银两，几时挨得百年长？夫妻子女同谈讲，算条银计过韶光"，还有反映沦落风尘的妓女屈辱、痛苦生活的"老举歌"："瞓（睡）醒三更人睡静，提起往事泪不停……卖落江河人作贱，犹如猪胆苦过黄连"。

新中国成立后，一些电影插曲开始在娘仔房里流行，《四季歌》《九九艳阳天》《我的祖国》《花儿为什么这样红》等成了不少娘仔的至爱。到了大唱"革命歌曲"的年代，娘仔们唱的便是《洪湖水，浪打浪》《东方红》《山丹丹开花红艳艳》《大海航行靠舵手》一类的了。

新中国成立以后，绝大多数的女子到了学龄阶段，都能进入本村的小学读书，即使没有读到毕业，也能识得不少字了。娘仔房内，在娘仔们床上的枕头边，很多时候会放着书本。喜欢看书的娘仔便互相传阅，好看的书，往往会待娘仔房的人都看过了才送还书主。一名20世纪60年代入住娘仔房的村民回忆，她所在的娘仔房传阅过的小说就有《孤坟鬼影》《钢铁是怎样炼成的》《青春之歌》《艳阳天》《三国演义》《西游记》《红楼梦》《香飘四季》《八十天环游地球》等。白天要干活，看书基本都是晚上的事，农村夜晚蚊子多，为躲避蚊子咬，很多娘仔把书拿进蚊帐里看。通电前，点的是煤油灯，时间长了，蚊帐近灯的位置便被灯烟熏得黑黑的。如果要想知道娘仔房里谁是"书虫"，看看蚊帐便知。同一娘仔房内的娘仔，文化程度有高有低，理解能力也有差异。娘仔看书遇到有不懂的字或词，大可向文化程度高的人请教，或拿出来让大家讨论，再不然，便到外面问懂的人，弄通了再回来传达。

研习女红，在娘仔房里也是必不可少的，拈针、引线、量体、裁衣、剪接、缝合、开纽门、做布纽扣、描花绣朵……有学之不完的针线活。到了集体生产时代，娘仔们要参加生产劳动，跟生产和生活息息相关的手工劳动，如编织毛线衣、编织毛线围巾、编织渔网、编织雀网、编织蒲团、编织手笼等，纷纷在娘仔房里流行开来。

在漳澎，每逢岁时年节，都要制作相应的粉果和特色小食，如过年时的糖环、炒米饼、咸丸，开灯时用的碌堆，冬至的豆团、松糕，端午的粽子，等等。制作粉果，向来是妇女们的专利。这些技艺，女子在结婚前就必须掌握，不然的话，到了婆家，会让人看不起。娘仔房的主人家中，有镬有灶，实践之余，她们还大可在这里交流制作粉果的心得和体会。

有些娘仔在入住娘仔房前，在家长指导下已掌握一两种技艺，但样样都会的"全才"是不多的。在娘仔房内，娘仔们互相请教，日久天长，大家都成为"百事通"了。漳澎的女子大都多才多艺，其中女红、编织、制作粉果等技艺，很多是出嫁前在娘仔房便已习得。另外，娘仔之间，脾气、性格也会互相影响，互相熏陶，很多人勤劳、坚忍、豁达、贤淑的优良品德也在这里得到锤炼。

培育情谊的温室

娘仔房，什么时候都是一个情脉脉、意殷殷的温馨所在。在这里，姐妹情谊得到培育，甚至有娘仔的爱情在这里萌芽。

凉棚除了床铺长凳之外，并无其他生活设施，后生们想聚餐或宵夜，得另觅地方。但娘仔房不同，主人家中有炉有灶，宵夜打牙祭成了很多娘仔房的常规节目。这种不久便来一次的聚餐活动，除了为娘仔房平添欢乐之外，还在锅碗瓢盆的交响声中培育了娘仔们的姐妹情谊。

花样百出的聚餐活动中，搞得最多的是炖鸡蛋糊。旧时物资匮乏，鸡蛋不易得到，要向村民购买。这家买一个，那家买两个，炖一次鸡蛋糊，往往要光顾十来户人家才可把鸡蛋买够。宵夜的形式还有煲蟛蜞粥、煲蚬粥、煲石螺粥等。当然，蟛蜞、石螺、蚬这些食材都是她们工余时间捉来的。

娘仔房宵夜所需的经费，都是凑份子得来，所需食材不管花不花钱，娘仔们在筹备宵夜时都不敢过于声张。如果太过张扬，好事之人知晓了，便会说这伙娘仔"大食"。这对于那些还待字闺中的娘仔来说，是十分忌讳的。

城市的青年男女间谈恋爱，多是相约在公园或电影院见面，而在漳澎，没有那些浪漫场所，娘仔房便派上用场。漳澎有一种捕鱼方式叫"扒白板"。不知从什么时候开始，村民把这种鱼儿自动跳上白板艇的捕鱼方式引申到青年男女找对象方面来，把青年男女夜晚外出寻找对象或与对象会面的行为称作"扒白板"。而"扒白板"的行动，很多时候在娘仔房里进行。那些来到娘仔房的男子，人们称为"白板仔"。漳澎民风一直较为保守，青年男女自由恋爱的不多，男婚女嫁，多由中间人撮合而成。很多后生不了解对方是怎样的人，有的甚至还未见过面。为了加深对对象的了解，有的后生借故造访未婚妻住的娘仔房，去时还拉上两三个弟兄为自己壮胆。这些被邀前往的后生大多未找到对象，也乐得陪同前往，看看娘仔房里有没有心仪的"鱼儿"自动跳到自己的"白板艇"上来。也有不少有既定目标的后生会主动出击，谋得进入目标所在的娘仔房的机会，向对方发起进攻。对于白板仔的到来，娘仔们一般都很有耐性和礼貌，陪坐之外，还煮糖水招待。用作煮糖水的料，通常都是含莲子、百合、沙参等在内的所谓"清补凉"加鸡蛋。当然，不是每个"白板仔"都会有收获的。

娘仔房内，假如有某个娘仔在编织毛线衣、毛线围巾这类贴身衣物时，表现得遮遮掩掩、神神秘秘，同房的娘仔心底都明白，她一定是在为心上人秘密打造"温暖牌"衣物了。终有一日，会有人忍不住把她心底的秘密揭破。每到这时，羞涩和欢乐便会融注在一起，变成一种浓浓的甜蜜的气氛在娘仔房里弥散。秘密被揭穿后，那娘仔的行动索性不再遮遮掩掩，同伴们的态度也来了个大转变，从开玩笑变成帮忙出谋划策，甚至出手相助。

娘仔房里的娘仔终有一天要出嫁，娘仔出嫁，除了是她家中的喜事外，也是她居住的娘仔房的喜事。与后生结婚当晚请同凉棚的棚友吃糖水一样，娘仔出嫁的当晚，也要请同娘仔房的姐妹吃糖水。不过，娘仔房的糖水与凉棚的糖水略有不同，糖水中除了有整个的剥壳熟鸡蛋外，还放了藕粉之类的东西，这样的糖水便显得更稠。

漳澎女子出嫁，有人选择在家中出门，也有不少选择从娘仔房出发，无论在哪里出嫁，伴娘队伍基本上都是由同房娘仔组成。按漳澎旧俗，新娘在子时以后出门。选择在娘仔房出嫁的新娘，下午在娘仔房里跟姐妹们一起吃饭，之后回家换上一套黑衣，再回到娘仔房来，于子时以后一个选定的时辰，在伴娘的陪伴下，撑一把黑伞出发去男家。新郎和大妗姐则在半路迎接。三朝回门后，新娘还会回到娘仔房住宿。待到丈夫来接时，娘仔房的姐妹也跟着去看看新房。热闹之余，这也是新娘在告诉这群曾经与自己一起同房共寝的娘仔们，从此以后，自己基本告别住了多年的娘仔房，开始新的生活了。

娘仔们在娘仔房中建立起来的情谊并不因各自结婚而中断。这种情谊甚至可能延续至她们的后代。在漳澎，同娘仔房的姐妹后来成为亲家的比比皆是。在这个意义上说，娘仔房又不仅仅关乎女性个体的成长，更是关乎村里亲缘关系的建立与秩序风尚的整合。

用现代的话说，娘仔房里的娘仔们便是如假包换的"闺密"，用"亲如姐妹"来形容同房娘仔之间的亲密关系，一点也不为过。杜婉娟与韩信琼现今都年过七十，两人是小学同班同学，虽然不在同一个生产队，但却相约入住同一个娘仔房。两人辗转住过三个娘仔房，一路走来，始终都未分开过。很多时候，她们都是同睡在一张床上，在日常的生产和生活中更是互助互勉。各自成家以后，韩信琼搬去广州，杜婉娟留在漳澎，后来去了莞城。到如今，距她们最初一起入住娘仔房已过去了差不多一个甲子，但时空并未阻隔她们在娘仔房建立起来的情谊。这几十年中，两人的来往从未中断，每隔一段日子，都要相约回漳澎聚会。像杜婉娟与韩信琼这样"友谊地久天长"的"闺密"，在漳澎还有许多。

拜七姐，娘仔的节日

娘仔房的娘仔们一年中最为开心的日子应是拜七姐了。

拜七姐的俗例，并非漳澎独有。漳澎人常说的拜七姐，也就是乞巧节、七夕节。（有人认为，七夕节的源头就是家喻户晓的牛郎织女故事，正是这个传说，造就了民间七月初七的七夕节，也就有了姑娘们向织女乞巧的俗例。七夕乞巧之事，先在宫廷盛行，后来从宫廷走向民间，起于唐而盛于宋，代代相传，已有一千多年的历史了。）

乞巧节是女性的节日，充分体现了女性的信仰和希冀，也展示了女性的心机和技能，强化了女性的自信和互相的认可。

漳澎娘仔拜七姐与疍家姑娘拜七姐一样，日子不在七月初七晚，而在七月初六晚。七月初六那天，夜幕降临之时，娘仔们在娘仔房当天之处摆出一张供桌，桌上陈列着粉糕、饼、七种水果、七种花朵及富贵子等物。富贵子的俗名叫频颇，又叫凤眼果，因"频"字与"贫"字同音，漳澎人便反其意而唤之。将它摆在这里，是寓意将来结婚嫁人，能享富贵，并早生贵子。此外，还准备了红丝线、绿丝线、针、擦脸粉和一个新的脸盆。脸盆放在一个从刚结婚不久的人家借来的、还是十分新净的、带镜子的脸盆架上，脸盆里搭着每人一条从未用过的新毛巾。

进入漳澎村内涌的潮水一天两度，而初六这天的第一次涨潮则是在晚上、子时左右。当从狮子洋涌来的潮水刚刚进入漳澎村的内涌之时，娘仔们拜七姐的仪式也就开始了。她们燃点香烛，焚烧元宝，每两人结成一对，分别给七姐献香，轮流下跪向天参拜，并许下心愿。参拜完毕，娘仔们拿起针线，比赛谁穿针快。

穿针既毕，忙碌一番之后，已是丑时，日子已算是初七了。一名勤快的娘仔挑起水桶，到附近的水埗头挑来一担刚涨上来的潮水，这便是漳澎人常说的"七姐水"了。挑回来的"七姐水"一部分灌进预先准备好的瓦埕里，另一部分倒进脸盆中。娘仔们拿起浸过"七姐水"的毛巾擦擦脸，然后再用擦脸粉擦在脸上。据说这样擦过之后，脸蛋会更白净。洗脸既毕，大家便开始聊天、玩耍、分吃供品，有时还可能到别的娘仔房参加乞巧活动。一大早起床后，娘仔们赶紧把自己或家里的床铺被席拿到埗头去洗，据说洗过"七姐水"后，能驱除蚊虫鼠蚁，保障人的身体健康。

灌有"七姐水"的瓦埕要及时封盖好。据说这"七姐水"放上一年也不会变质。"七姐水"是淡水，平时舍不得动用，只在冬季咸潮肆虐期间，在煮饭和煲开水时才派上用场。更有不少人认为"七姐水""凉气"，有消暑解热的作用，遇到家中有人上火或发烧，让患者喝上一碗。

广府
文库

乡村乐手

农家乐手

扫码观看 2020 年漳澎村春节
晚会农家乐手演出实况

凉棚里的音乐声

20世纪40年代日占时期，东莞名儒、诗人徐亦良为避开日本人的缠扰，只身一人离开莞城的家，躲到四面环水的漳澎教书度日。在此期间，他写下了不少诗句。其中一首《漳澎晚眺》写道：

> 绕门如带水迢迢，步出郊原极目遥。
> 斜日西衔狮塔影，晚风南吼虎门潮。
> 烟笼远树催归鸟，雾锁枯芦迫短桡。
> 缓缓携杖明月返，隔河吹送一声箫。

这诗中所写，几令徐亦良魂断的箫声，正是从河对岸灯火影绰的凉棚里传出来的。

说不清从哪个年代开始，漳澎村里茅夹盖顶、竹木支撑的简陋凉棚里，便传出了悠扬的乐器演奏声。这音乐声仿佛从天外飘来的仙乐，打破了水乡的宁静，在波光潋滟的水面上飘荡，一直飘进人们的心底，听者无不心醉。这音乐声最初响起的时候虽然悦耳，但演奏的乐器只有一种，听来未免有些单调。过不了许多日子，这音乐声便渐渐浑厚起来。听得出，越来越多的乐器加入了演奏，而此时坐在凉棚里面的长凳上一本正经拨动琴弦的，不少正是那些刚才还在坦田里挥汗如雨的耕仔。

原本只在大雅之堂演奏的音乐，为何出现在乡间的涌边草棚里？本来应该是十指尖尖、衣冠楚楚的操琴者，在这里怎么尽是些双手粗糙、满脚泥湴的农民？根究起来，这里面实在有不寻常的来历。

毋庸置疑，凉棚当初在漳澎出现，白天的主要功能只是供男人们涨潮干不了活时坐集聊天。当潮水退去，坦田河涌露出脸来的时候，男人们便纷纷离开凉棚，解下拴在凉棚下面的小艇，挥动手中的木桡，驶向各自的劳动目的地。这样的日子一天又一天、一年又一年地重复着。渐渐地，男人们不满足于只是坐在凉棚里用谈天说地这种方式来消磨那漫长的时光。

也许正在这个时候，一只载着粤剧大老倌的红船来到了漳澎。在沉醉于悲欢离合、曲折离奇剧情的同时，人们还听到了从戏棚里面发出来的悦耳的音乐声。一定是有人对这种粤乐产生了兴趣，每逢有戏班到来，都会绕着戏班中俗称“棚面”的伴奏人员哄哄嗅嗅，并想方设法买回自己心仪的乐器。一来二去，他便有样学样操起乐器。这乐器，可能是二弦，可能是三弦、秦琴、二胡、大阮、琵琶、洞箫……当他终于把手中的乐器玩得似模似样以后，便把乐器带到凉棚，在等待水退的时间玩起来。乐声响处，好像在炎夏里吹过来的一阵清风，凉棚骚动了。马上有人跟着学了起来，凉棚里的乐器渐渐多了起来，单人的独奏变成乐队的合奏，一曲、两曲……一直等到水退了，乐声才停止，人们在凉棚里找个地方把乐器挂了起来，便纷纷解缆开船，劳作去了……

或者是，有一日，一个从番禺过来受雇割禾的人，晚上在某个凉棚借宿，睡觉前，为排解寂寞，他从自己的艇里取出一把二弦……

也许根本不是上面说的那样，而是有一日，漳澎村来了一个背着秦琴唱南音的盲人……

许多的研究资料表明，现今饮誉世界，被誉为清峻活脱、流丽秀美的广东音乐，是从民间"私伙局"走出来的艺术瑰宝。漳澎村的凉棚什么时候开始有人演奏广东音乐已无从查考，但从各个凉棚代代相传演奏的都是一些如《赛龙夺锦》《雨打芭蕉》《饿马摇铃》等过去被称作"粤乐""谱子"、今人称为"广东音乐"的乐曲的情况判断，这个时间最早也在清代同治年间。因为这些乐曲也是在这个时期，才由狮子洋彼岸番禺沙湾的何博众、何柳堂、何与年和何少霞等民间音乐家打造出来并不断完善的。

有人说，粤剧是在水中传播的。在那个粤剧戏班依托红船走天下、"年年难唱年年唱，处处无家处处家"的年代，这话一点都不假。其实，同样流行于珠江三角洲流域、作为粤剧孪生兄弟的广东音乐，也是在水中传播的。漳澎与沙湾这个广东音乐的源头只隔着一个狮子洋，村中又有像指辉刘氏那样从番禺仙岭移民过来的族群。此外，每年的割禾时节，都有不少番禺人扒着艇渡过狮子洋到漳澎受雇割禾。这种一衣带水的天然联系，为沙湾的"玩曲"风气传至漳澎提供了可能和方便。

音乐艺术本属上层建筑，"玩曲"一开始时应是经济条件好又得空闲的人的玩意。沙湾何氏正是这样一班"唔忧柴唔忧米"的有闲群体。

漳澎虽然与沙湾同属珠江三角洲的沙田地区，但沙湾一带的沙坦成田较早，沙湾筑围时漳澎的地境还是汪洋一片，而何氏宋代已在沙湾立足，比起漳澎任何一个姓氏在漳澎立足的时间都要早六七百年。所以，论起富裕程度和文化根基，漳澎比之沙湾是"蚊髀与牛髀"。不过,漳澎还是有一些冒尖的富户,特别是悦田林氏,富户还不少,林镇南的家族便是其中之一。有了钱,子弟便可读书识字,再加上家中有热爱艺术和音乐的传统,像番禺沙湾何氏一样,便很容易出现一批在音乐上有造诣的人才来。退一步说,漳澎即使没有多少的富裕阶层,但在坦田农耕时代,占有大量空闲时光的有闲阶层却是大量存在。撇开经济基础及文化底蕴不说,能进入"玩曲"队伍,有空闲时间应是一个主要的因素。在这方面,沙湾何氏的有闲阶层与漳澎在凉棚等待水退的耕仔,条件倒是相差不远。所以,只要有了种苗,"玩曲"这棵大树,便很容易在漳澎成活并生长起来。

不管演奏粤乐的技艺是何时传入漳澎,又是通过何种渠道在漳澎传播开来的,总之,被漳澎人称为"玩弦索"的风气很快便染遍了漳澎村的凉棚。就这样,漳澎的凉棚,除了供男人们白天坐集聊天及后生晚间住宿外,又成了村民演奏、欣赏、切磋粤乐的场所。可以想象一下,潮涨之时,整个漳澎村都沉浸在飘荡的粤乐之中,再配上凉棚下船艇穿梭、光屁股的孩子在河中戏水,凉棚边水埗头妇女们汲水、淘米、洗濯的场景,这样一幅水乡欢乐图,怎不令那些初到漳澎的人心生向往?

漳澎村这种不知始于何时、似乎有点玄幻的景象,一直延续到改革开放向纵深发展时才慢慢消失。即使是在将广东音乐定为"封资修"而打入冷宫的"文革"时期,漳澎凉棚的音乐演奏也从未停息过。只不过这时人们把那些在村中流行了近百年的广东音乐藏在心底,而演奏起《东方红》《祝毛主席万寿无疆》一类的"革命歌曲"。

另类的弦索手

老一辈的漳澎人将操琴玩曲称作"玩弦索"。其实，弦索是古代对弦乐器的总称。唐代诗人元稹的《连昌宫词》有句："夜半月高弦索鸣，贺老琵琶定场屋。"宋代词人苏轼的《虢国夫人夜游图》也云："宫中羯鼓催花柳，玉奴弦索花奴手。"可见弦索一词来源久远。

谁是漳澎村内第一个凉棚弦索手，实在难以查考。今漳澎村内，流传着许多有关凉棚弦索手的故事。这些故事发生的年代，贯穿清末、民国、新中国各个时期，绵延百多年，而最早的时间便是指向清末民初。现今在村民口中流传的漳澎玩音乐玩得好的人之中，最早的应是一个叫林镇南的人。

林镇南，又名林纪兆，人称"豆皮南"，漳澎同和社凉棚"出身"，上世纪 30 年代曾是漳澎小学的首任校长，有较高的文化素养。他扬琴、二胡、秦琴、三弦等样样精通，尤以扬琴为村民称道。据他的后人介绍，他年青时曾到广州的广东高等师范学校读书，跟扬琴演奏家、广东音乐奠基人之一的严老烈学过扬琴演奏。漳澎代代相传的凉棚音乐是否发肇于林镇南的传入，因无确凿证据，实在不敢妄下结论。但从他擅长扬琴演奏、1926 年把儿子林炯增送到漳澎小英雄戏班学艺，使之成为专业戏班的男花旦，另外三个儿子也传承他的扬琴技艺，其中三儿子林燊增后来成了远近闻名的扬琴演奏高手这几点来看，他对粤剧及粤乐的挚爱是不争的事实。他对广东音乐与器乐演奏在漳澎早期的传播有着很大功劳也是毋庸置疑的。

比林镇南出道稍晚、同是悦田林氏后裔、出身同和社凉棚的林甫宁，高胡、小提琴、箫等乐器样样精通。尤其是那把高胡，更是玩得出神入化，漳澎村内，大家都公认他应坐头把交椅。

林镇南的四个儿子都精于扬琴演奏，尤以三儿子林燮增玩得最出色。林燮增，漳澎人简称"林燮"，自幼天资聪明，在父亲的影响下爱上音乐。他5岁开始在父亲的指导下学习扬琴，正是青出于蓝胜于蓝，到后来，他的扬琴比父亲玩得还要好。林镇南认识严老烈的时候，严老烈已独创了右竹演奏法。林燮增学扬琴时，听父亲说过严老烈的右竹演奏法。他觉得严老烈的演奏法很有特色，无奈自己天生是个左撇子，学不成右竹演奏法。小学毕业后，父亲把他送到广州由东莞明伦堂主办的明伦中学读书。初中毕业后，他考入广州一所职业学校，主修土木工程。可惜还未毕业，广州便陷于日寇之手，他只好辍学回到漳澎。在广州读书期间，他一直未忘练习扬琴，并时时参加各种校际音乐比赛及演出。有一次，一名自称"七省琴王"的扬琴演奏家在广州城隍庙设擂，要以琴艺会一会广州的扬琴高手。林燮增年轻气盛，欣然赴会。几曲演奏下来，观众好评如潮，但细评之下又难分上下。岂料"七省琴王"不服气，非要分出高低来，他要林燮增出题，两人再比。林燮增当即提出，把现场所有灯都灭了，两人摸黑演奏，曲目是严老烈的《旱天雷》。"七省琴王"从未试过摸黑演奏，《旱天雷》又是快旋律，心里不免发起悚来，但既然自己是擂主，怎样也不能打退堂鼓，只得硬着头皮答应。擂主先奏，凭着过人的功底，虽然看不清琴线，还是勉强把《旱天雷》奏了出来，但未免使人感到有些拖沓，轻音重音也区别得不太明显。轮到林燮增上场了，他飞快地扫了一眼身前的扬琴，双手一抖便开始演奏，一双琴竹在他手中闪电般的上下左右翻飞，乐声犹如旱天惊雷在黑暗中炸响，演奏的效果，与灯火辉煌时没有两样。台下的观众用不同的掌声，分出了台上两人的高低。

　　林燮增涉世未深，为何会有在黑暗中也能如常演奏的本事？原来，他生性好玩，平日在"玩"扬琴时，就有不看扬琴、只凭感觉和手势演奏这一种"玩"法。"玩"得久，自然就熟了。此外，他还能在扬琴倒扣、琴背朝天的情况下，反着手熟练地奏出乐曲来。

　　林燮增自幼读书，从未干过农活，再加上家中殷实，从广州辍学回到漳澎，用不着耕田，除了在凉棚玩玩音乐之外，平日也是无所事事。不过，他玩音乐的名声早已远扬，不知不觉中，便走上靠音乐养活自己的道路。扬琴校音是一项相当考功夫的技术活。当时，广州一带有不少买了新扬琴的人都请他去校音，他每校一个琴要收20个大洋，可见他的技术和信誉已达到一定的高度。他与同凉棚的林甫宁一样，凡有像李少芳、黄佩英那样的名伶来漳澎或麻涌演唱时，都应邀前往为女伶伴奏。他有一个表哥叫刘锡文，在广州大东亚公司的天台游乐场当经理。游乐场常有女伶驻唱，有时也有全女戏班演戏，同时驻场的有一个星光音乐社。刘经理也是漳澎人，由于有这层关系，林燮增更多的时候在星光音乐社参与伴奏，吕文成、尹自重等粤乐界的名宿也常常参与其中，林燮增得以与大师们一道为女伶们伴奏。20世纪40年代他结婚时，星光音乐社的同仁还依照当时的惯例，赠送了一个镜屏向他道贺。这个镜屏至今还保存在他的后人家里。

　　从林镇南开始，林家的玩弦索传统可谓代代相传。林燮增的儿子林成钧，也继承了父辈的衣钵，除了家传的扬琴演奏之外，高胡、阮、大提琴等弦乐及弹拨乐器也样样精通。

　　漳澎至今流传土匪头陈淦玩二弦的故事。陈淦花名"废淦"，是地道的漳澎人，也是一度盘踞漳澎十余年的匪帮公立堂的头目，在漳澎是个说一不二的人物。陈淦自幼聪颖，对音乐悟性极高，在凉棚住宿时便拉得一手好二弦。民国初年，在东莞举行的一次全县器乐演奏比赛中，他获得过第二名。陈淦对粤乐的喜爱非同一般，即使后来手握枪杆，在血雨腥风的江湖中打打杀杀，他也未曾忘掉手中的二弦。相传每逢有粤剧戏班到漳澎演出，他都会点《三气周瑜》这出戏，并挎枪登上戏台，拉二弦为演员伴奏，而将戏班原来拉二弦的晾到一边。时人评论，他的伴奏水平，比得上戏班的音乐师傅。有一次，陈淦上台为老倌伴奏，正当扮演诸葛亮的老倌唱得起劲之际，也许是过于兴奋、用力过猛，他手中的二弦竟然"嘣"的一声断了一根弦。众人见状大吃一惊，陈淦却不慌不忙，用剩下的一根弦伴着诸葛亮唱完余下的唱段，看得坐在一旁的戏班胡琴手作声不得。"废淦独弦为老倌伴奏"成了漳澎村民中流传了几十年的美谈。

在广州上过师范学堂、在漳澎小学当过校长的林镇南和在漳澎匪帮公立堂当"大哥"的陈淦差不多是同时代的人，他们痴迷玩弦索的时候，中国正从清末向民国过渡，这也正是广东音乐的起步时期。这样说来，漳澎的凉棚音乐虽然没有出过什么名师或大家，但光从起步这一点来说，还不算过于落后。

比林镇南、陈淦晚一点，1913年出生的黄衍南，其音乐之旅也有一番有趣的经历。黄衍南家中兄弟四人都是地道的农民，入住有着悠久玩弦索传统的合福社凉棚，亦都是八九岁便开始玩弦索。在众多乐器之中，黄衍南尤为喜欢刚刚融入粤乐不久的小提琴。小提琴刚传入中国时称梵阿铃，在广东则简称为梵铃。黄衍南很想拥有一把属于自己的梵铃，于是便暗地里存钱，等他终于存够了钱的时候，便迫不及待坐船到广州，进了一家有梵铃出售的乐器铺。在乐器铺里，他的眼睛在挂在墙上的梵铃中不停地巡梭。终于，他选中了其中的一把。岂料当他要求店员将那把梵铃取下来看看的时候，店员却毫无反应。他以为店员听不清，再一次提出了要看那把梵铃的要求。那店员还是无动于衷。原来，这店员见到眼前这乡下佬穿着用麻包改成的衣服、浑身黝黑，手掌上满是老茧，手指粗大得像香蕉一般，他不相信这人会侍弄这么高贵的西洋乐器，便不搭理他。黄衍南见他不理睬，便提高了声调，再一次向店员提出看那把梵铃的要求。也许是他的声音太大了，竟惊动了在里面的老板。老板走出来连忙问发生了什么事。当他知道黄衍南要买梵铃而店员不拿给他后，犹豫了好一会，最后还是把梵铃取了下来。他一边把梵铃交给黄衍南，一边说："小心，小心，弄坏了是要赔的。"黄衍南也不作声，取过梵铃，上下左右看讨一遍之后，熟练地调好四条弦的音，然后把梵铃往左肩一放，头一低便开弓拉了起来。他奏的是古曲《小桃红》，乐声一起，惊得那老板连忙向他作揖，连声说："对不起，对不起，怠慢了，怠慢了。"老板是个行家，不需黄衍南把乐曲奏完，凭从他那几只香蕉般粗大的手指下面发出来的清亮柔美的声音，便知眼前这其貌不扬的操琴人是位高手。优美抒情的琴声不但惊倒了乐器铺老板，也引得过路行人纷纷驻足聆听。一时间，围观者将乐器铺堵得水泄不通。一曲《小桃红》还未奏完，众人已忍不住送出了热烈的掌声。一个穿着麻包衫、五大三粗的乡下佬，能用自己演奏的琴声征服省城的听众，也算是一桩奇事了。

漳澎人的弦索渐渐玩出了名堂，在十里八乡都有莫大的名气。俗话说"初来唔识路，日久变成精"，弦索手在凉棚玩久了，有许多人成了人们常说的"佼佼者"。其中，有的人由于生活或土地的羁绊，仍然留在凉棚操琴娱乐，有的人在空闲时间将演奏音乐作为帮补家计的一种手段，有的人则全身心投进去，将玩音乐作为自己的职业。

徐祖恩即是将音乐作为职业者，花名"美虾"的他，出身协和社凉棚，自小喜爱下象棋和玩弦索。他的弦索越玩越出色，不少专业戏班都聘他为头架师傅。他的高胡，从20世纪40年代一直玩到"文革"开始所在粤剧团解散方止。

1914年出生的徐祖乐，是徐祖恩的堂兄，受家族的熏染，也是自小喜爱音乐，扬琴、小提琴、横箫、洞箫等乐器无所不精。40岁前，他一直从商，但忙中不忘丝竹管弦。后来，他干脆改行做起了粤剧戏班的班主。凭着深厚的粤乐功底和在粤剧、粤乐界的人脉，他组建了鸿昌粤剧团，在广州的各大戏院演出。三年后，他又改行与人合作经营乐器厂，专门生产小提琴和箫，厂里出产的乐器均由他亲自负责定音。20世纪60年代，他回漳澎定居，在漳澎文娱社参与粤剧演出活动，有空也到协和社、同和社、合福社等凉棚与乐手们交流切磋。在人们的记忆中，他在漳澎玩得最多的是扬琴和箫。他吹箫的造诣很高，横箫、洞箫亦佳。闲时，他把自己吹箫的技艺传给三女儿徐国定，使之成为漳澎历史上第一个女乐手。徐国定学成后在漳澎乃至东莞的乐坛也活跃了很多年。

虽然无法确定谁是将音乐传入漳澎的师傅，但在历史上，漳澎很多弦索玩得出色的人有外出做师傅的经历，漳澎人称为外出"教馆"。精通多种乐器的赵保，就常常外出教馆。东莞的不少乡村，每年过年期间都有舞凤的俗例。舞凤是一个较大型的喜庆活动，除了敲锣打鼓之外，还伴以奏乐唱曲。奏乐唱曲需要有乐队跟随，每到这个时候，一些缺乏八音锣鼓手的乡村都会到漳澎请人。赵保便作为师傅和"头架"出现，除了自己担纲演奏，也在当地收徒传艺。擅长小提琴的黄挺，也曾到过东莞东坑的周溪、丁屋等地教馆。除了赵保、黄挺之外，擅长高胡的徐胜、擅长扬琴的殷全江等人，也都曾外出教馆。漳澎的音乐师傅与漳澎的粤剧师傅、龙船师傅一样，在东莞、增城及禺东一带享有盛名，在很多地方都留下他们教馆的足迹。

漳澎的音乐师傅外出教馆，自然会收到许多徒弟，但也有外村人主动上门拜师求教的。有一名从附近小村泗涌嫁到漳澎的妇女，每年回娘家拜年都是由丈夫扒艇接送。有一年，她在娘家多住了几天，丈夫有事先回漳澎，她回夫家时便由弟弟扒艇送回。到姐姐的家一路要经过好几个凉棚，每经过一个凉棚，他都听到从凉棚里传来悦耳的乐声，再抬眼往凉棚里望，只见凉棚里坐满了男人，很多人手里都拿着乐器在玩。他明白，那令他陶醉的音乐声正是这些人用手中的乐器奏出来的。当他们的小艇来到第四个凉棚时，他手中的桡不知不觉停了下来，他已被凉棚里伩出来的音乐声完全迷住了，直到姐姐叫他，他才缓过神来。来到姐姐家中，他当即向姐夫提出要求："我想学玩弦索，能不能找一个师傅教教我？"姐夫笑了："大家都是在凉棚跟着学的，哪有什么师傅？不过，在漳澎，是男人几乎都会来几下，谁都是师傅。"这个来自泗涌村的小后生，便在姐姐家里住了下来，并在凉棚里跟着"师傅"一起玩起了弦索……

20世纪30年代后期，漳澎也出现了"唱女伶"的歌坛，除了村中的大同茶楼有女伶驻唱之外，还有一个专供女伶登台演唱、被称作"游乐场"的唱曲场所。特别是抗日战争时期，大批原本在香港"揾食"（粤语，指谋生）的女伶纷纷回到内地，番禺的市桥成了各路女伶集中的地方。漳澎与市桥一水之隔，不少漳澎的小商贩都会扒艇渡海到市桥进货，在等水时也会到歌坛听听曲。久而久之，一些歌坛包家得知漳澎这个潜在的市场，于是，有不少女伶在包家的引导下东渡漳澎"揾食"。40年代初声名鹊起的三喉唱家何丽芳就是其中之一，比何丽芳名气更大的黄佩英（新月儿）和李少芳也常来漳澎演唱。有一次，黄佩英来漳澎娱乐场演唱，不知是哪个环节出了差错，约好的伴奏乐队没有来。正在焦急之际，包家不慌不忙请来了林甫宁、林燮增、赵保、黄挺等凉棚乐手。当天的伴奏，全由这些凉棚乐手担纲，拍和起来，也是滴水不漏。这次意外的拍和，令漳澎的凉棚乐手与大牌红伶黄佩英来了一次完美的结合。俗话说，救场如救火，漳澎的凉棚乐手也"救"出了自己的名声。

及至今日，很多人已不知"玩弦索"是什么意思，操琴演奏音乐的"弦索手"，也与时俱进地被称为"音乐手"或"音乐员"了。尽管如此，漳澎还有很多人在玩音乐，还有为数不少的音乐手将外出玩音乐作为赚取收入、帮补家计的一种手段，更有人将玩音乐作为自己长年从事的职业。丁美胜就是其中一个。丁美胜出道较迟，精通扬琴，他是"文革"期间在凉棚学习演奏《东方红》时开始音乐演奏之旅的。时至今日，丁美胜还活跃在深圳、东莞的民间乐社之中，靠着手中的两支琴竹去创造财富。

诚然，说到底，丁美胜也只是一个靠演奏音乐来维持生活的民间乐手而已。但是，一个曾经满脚泥泞、没有受过任何专业培训、从漳澎凉棚走出来的乡村乐手能在深圳、东莞高手林立的音乐曲艺圈内站稳脚跟，这足以说明，漳澎的凉棚乐手的确不简单！

随着凉棚的衰落，"凉棚乐队"也渐渐消失了，但身怀技艺的乐手至今还大有人在。这些人有的跻身漳澎村的几个曲艺社中，有的则散布在东莞各地的民间粤乐社团里。不过，岁月不饶人，他们普遍都老了。2000年，第二届广东老年文化艺术节音乐专场文艺会演在广东省委礼堂举行。以漳澎乐手为主体、拥有80多名乐手的麻涌队代表东莞市参加会演，以一曲《广东音乐联奏》，获得了一等奖。他们的精彩演出，博得了包括时任广东省委书记李长春在内的台下观众如雷的掌声。晚会结束时，李长春上台接见了全体演员，向这班农家乐手竖起了大拇指。20年后的2020年，漳澎村举办有史以来的首届"春晚"，40位"凉棚乐手"登台表演《广东音乐联奏》，在漳澎的春晚舞台上又火了一把。包括林燮增的儿子林成钧、黄衍南的儿子黄柱良在内的这批乐手都是20世纪60年代在村中凉棚成长起来的。年龄最小的65岁；年龄最大的当数赵保的儿子赵可阳，此时已超过80岁。而20世纪50年代开始学艺的那批乐手，虽然还有不少人健在，但都因年事已高、手脚不灵活而歇在一旁了。

农家乐手如何炼成

漳澎"玩弦索"的源头既然难以寻觅，那么，究竟是哪位师傅把"玩弦索"的技艺传给漳澎的人也就无从确认了。事实上，漳澎绝大多数的凉棚乐手都是得益于在凉棚住宿时的耳濡目染，大都无师自通，全靠自己苦心揣摩、勤学苦练。平日乐器就挂在墙上，谁想玩都可以拿下来摆弄一番。功夫不负有心人，假以时日，一茬又一茬的乐手便自然成长起来。时至今日，漳澎村的凉棚还有15个之多，在之前众多凉棚未作归并时，凉棚远远不止这个数。可以毫不夸张地说，在漳澎"玩弦索"的兴盛时期，能玩乐曲的乐手随处可寻，在村中随时找几百个玩乐器的乐手，并不是一件困难的事。如果要问漳澎历来乐手总共有多少，那就真是数不胜数了。正是这些数以百千计的无名乐手，一代一代地将不知始于何时的"玩弦索"传统继承下来，并一代又一代地传了下去，直至今日。

凉棚的农家乐手，数量众多，彼此间年龄相差也大，十多岁的孩子与六七十岁的老人一起演奏，在凉棚里是常有的事。这支队伍还有一个非常鲜明的特点，就是每个乐手都是能熟练操作多种乐器的多面手，特别是高胡、南胡（二胡）、扬琴、秦琴、三弦、中阮等拉弦或弹拨的中国传统民间乐器，他们中的大多数人，随便拿起一件便能玩起来。一次聚会之中，乐器在乐手中轮换操作是常有的事。他们这种近乎"全能"的本事，是从小在凉棚里练就的。乐器平日就悬挂在凉棚的墙壁上，谁玩都可以，挑哪种乐器也没有限制。很多时候，某人进凉棚前一心想玩高胡，但进去之后发觉已经有人在玩高胡了，他只好拿起中阮来玩。这样的情形当然不止遇到一次，这次只能玩中阮，下次却只能玩三弦……久而久之，便把凉棚的乐器都玩了个遍。俗话说"一理通百理明"，操弄中国的民间乐器，尤其是如此，再久而久之，他自然便成为能玩多种乐器的多面手了。

都说漳澎的凉棚是培育农家乐手的摇篮，但要培育乐手，首先得有乐器。而这些乐器，并不像平日人们使用的木梆或禾枪那么简单，包括那些时时需要更换的琴弦，都要花钱到乐器铺购买。在漳澎，凉棚不像宗族祠堂那样，有公偿田的收入作为经济支撑，它唯一的经济来源就是拍卖凉棚尿缸里的尿液。而这些微薄的收入，主要还是用于应付凉棚日常的维护开支。故此，凉棚那些喜爱玩弦索的后生便想方设法做一些有酬的劳作，用挣来的钱去购买心仪的乐器及琴弦等备用品。有的时候，他们也会凑钱去购买。由于乐器来之不易，因此，凉棚里的人对乐器都倍加珍惜，使用完毕，都高高地挂在小孩子摸不到的墙壁上。

漳澎的男孩子入住凉棚的年纪基本都是十一二岁左右。要从刚刚入住凉棚的小孩，成长为各类乐器都玩到得心应手的凉棚乐手，还得假以时日，经历一番艰辛的磨砺。

在漳澎，每一个乐手回忆起自己在凉棚的学艺过程，几乎都有一段"偷玩乐器"的经历。这个与"偷"字挂上钩的经历，可算是他们日后漫长的"玩弦索"生涯的入门之举。前面说过，凉棚里的乐器来之不易，大人都不希望那些初出茅庐、未懂得使用乐器的小孩去碰，弄坏了要再花钱，而且想玩没得玩，那可就要"吊瘾"了。偏偏好奇心和求知欲强是小孩子的天性。大人在的时候，小孩们不敢去动大人视为宝贝的乐器，而当大人们离开凉棚，那些一心想当乐手的小孩，便会想尽办法把心仪的乐器从墙上取下来，凭着平日观摩大人玩乐器时的印象，模仿起大人的动作，心怯怯地要将手中的乐器弄出点声音来。开始时，除了一些在家中得过父兄点拨的孩子外，大多数的孩子连音阶都不懂，他们初次操弄乐器，只要是弄出点声音来便算成功。当然，时间一长，经过不断揣摩，也许还有同伴的指点，他们不但能准确地掌握音阶，而且还能奏出段乐曲来。

当然，孩子们"偷玩"乐器也有"撞板"的时候，特别是那些初碰乐器的新手，由于不懂操作，对手中的乐器未免有"虐待"之嫌。他们正玩得入神，突然间从外面走进来一个大人，孩子们在严厉的呵斥声中把乐器挂回原来的位置之后，还可能受到惩戒。那时的大人相信，孩子不打不成器。不知什么时候开始，乡间就流行一种大人惩戒小孩的方式，就是弯起五只手指头，在小孩的头上狠狠地"凿"一两下，大概这也算是"大话细听"的一条吧。大人下"凿"时的力气，不算很大，但也不会很小，一"凿"下来，幼嫩的小脑壳还是能感受到疼痛。如果这孩子挨"凿"之后再也不敢去碰乐器，那他也许日后就与"乐手"二字无缘，而凉棚的乐队从此也就断着了。偏偏大多数在凉棚住宿的孩子都有一股"打不死"的韧性，挨过那几"凿"，他们依然我行我素，待无大人之时再把凉棚的乐器取下来把弄，慢慢地便弄出了名堂。当他们在偷偷摸摸之中终于有模有样地奏出完整的乐曲以后，此时，即使是当着大人的面去取挂在墙上的乐器，他们也不会再受呵斥和挨"凿"了，反而可能得到前辈们细心的指点。现今还活跃在漳澎各乐社的乐手，很多小时候都挨过"凿"。说起这些往事，不少人还记忆犹新。有人打趣说，正是这几"凿"，"凿"出了他们对玩弦索的执着与痴迷，正因为时时念到学艺不容易，所以才一直坚持到今天。

李运发擅长高胡，几十年来相继在村中的文娱社、业余剧团、文艺宣传队和曲艺社担任乐手。由于家在凉棚附近，他自小就在凉棚出入，时常被大人们玩的乐曲迷住。7岁那年，他便萌发了当一名凉棚乐手的念头。无奈年纪太小，有大人在凉棚里坐聚时，乐器都在大人们的手里，大人不在凉棚时，乐器高高挂起，他身材矮小，就算跳高也够不着。为了实现当一名乐手的梦想，他只好回到家中，对父母死缠烂打，要求父母买一把高胡给他。父母拗他不过，只好节衣缩食，满足了他的愿望。凭着这把来之不易的高胡，他在到凉棚住宿之前便开始了音乐之旅。

现今年过八十、稔熟多种乐器演奏的赵可阳，是漳澎老一辈乐手赵保的儿子。赵保常年外出教馆，赵可阳八九岁时便跟着父亲走南闯北。为了让赵可阳出人头地，也为自己争点面光，赵保时常在家中传授技艺给儿子。在父亲严格的训练下，赵可阳小小年纪便懂得"合士上工尺"，演奏乐曲时能在"合尺、士工、上六"等调式之间熟练地转换。很多时候外出舞凤，赵保都让不满10岁的儿子坐在"头架"的位置上，自己则当儿子的下手。有父亲的护荫和传授，赵可阳的成长当然要比那些单靠在凉棚里摸索的孩子快得多。

凉棚里想玩音乐的人太多，而乐器又太少，大家只好轮着玩。兴头之上轮不到自己玩，一些人未免心急起来，焦躁之中自然会想，如果拥有只属于自己的乐器，那该多好。无奈家中贫寒，维持一日三餐之外，抽不出更多的钱来买乐器，有人便想到靠自己的双手造出乐器来。自己制造乐器，说来容易，没有专业知识和专门技艺，想要造出一件像样的乐器来，实在是天大的难事。但即使再难也有人去尝试，结构复杂、工艺要求严格、成本又高的乐器造不来，那就选择简单的造。凉棚众多的乐器之中，最简单的可算是椰胡了。

椰胡是中国传统的擦奏弦鸣乐器，因琴筒即共鸣音箱是用半个椰子壳做的，故俗称椰胡。椰胡的构造与高胡、二胡、京胡等其他胡类民族乐器相差不远，最大的区别在于它的共鸣音箱是用半个椰子壳做的，而封口的材料不是昂贵的蛇皮，只是普通的薄板。

囿于经济条件，漳澎的凉棚乐手所制作的椰胡只能是普通型的，他们买来一个样子较为"四正"（粤语，指美观）的老椰子，剥去外皮，将椰壳锯开，去掉里面的水和肉，稍稍晾干后便开始制作了。漳澎常年修造船艇，做琴杆和弦轴用的硬木不难找，锯、刨、凿等工具也不缺。至于手艺方面，懂得木工手艺的可驾轻就熟，不懂木工手艺的，则可以边学边做，虽然做得慢一些，但终会有完成的时候。剩下要花钱买的就是那两条自己不能制作的丝弦。待所有零件装配好之后，再在椰壳的表面涂上一层平常用来涂抹船艇的桐油或光油，一个似模似样的椰胡便大功告成了。应该说，漳澎的凉棚乐手中，懂得自己动手制作椰胡的人远远不止一两个，而自己动手制作椰胡的传统，自有人开启了之后便代代相传，一直传到今日。不过，现今乐手自己动手制作椰胡已经不完全是经济问题，除了对乐器的音色有更高追求外，也是出于乐手对玩弦索的痴迷。不难看出，凡是能自己动手制作乐器的人，其身心与音乐都已经融合在一起了。

为了提高自身的演奏技艺，林燮增、徐祖乐、殷全江、黄挺等乐手在20世纪40年代组建过一个名为仁风社的音乐社。这个社的成员定期在粤剧女班班主吴星房的儿子吴润流家中开局，互相交流和切磋。仁风社坚持活动了好些年，直到中华人民共和国成立前夕才解散。

既然凉棚玩弦索之风是从外地传来的，那么，伴之而来的应该还有乐手们演奏的乐曲。既然乐手们都是无师自通，那么，这些乐曲在漳澎凉棚的传播，也都是无形的。事实上，凉棚乐手在演奏乐曲时，从来就没有纸质的曲谱，他们靠的是耳听、心记、手练。几十首经常演奏的广东音乐，他们全都默记于心，熟于手上，演奏时便可如行云流水、不差分毫。随着时日的演进，虽然乐手一代一代地更替，但乐曲却一代一代地传了下来。这样的传承方式，恐怕只有在凉棚这个特定环境才会行得顺畅。

诚然，对于漳澎绝大多数文化素养不高的农家乐手来说，在工余时间操起乐器玩弦索，为的只是愉悦身心、消磨时光，而不是追求什么名气和出人头地，对于所演奏的乐曲，也不像沙湾何氏那些名家那样苦心琢磨、力求标新立异。故此，人们聚在一起演奏时，更多的是齐奏，一人领头，其余跟上，一曲刚完，另一曲接着又起。在这过程中，姿势、弓法极不统一，声音和谐、演奏齐整就是他们最大的满足，也是他们最大的快乐。这种无欲无求的玩法，实在是人世间对音乐艺术的一种另类追求。当然，这种没有崇高目标的玩法会为许多专业的音乐人所不屑，但也许正是这样，才能让音乐从高雅的殿堂里走出来，返归最原始的本性。这种玩法，也许永远也出不了像沙湾何氏三杰那样的名家，但却玩出了和谐，玩出了合力，玩出了快乐。这与长年从事坦田耕作的漳澎人对生活的追求相当一致。

一直以来，漳澎村内流行着一个形容人与人之间关系和谐、合拍的俗语，叫"啱线"。这本是音乐上的术语，"啱"是广州话"合"的意思，"线"原本是指乐器的弦线。多件乐器齐奏前，要把乐器调到同一个音调上，所有乐器都已调到同一个音调，叫"啱线"。漳澎人把"啱线"这个音乐术语引到生活中，可见凉棚音乐对他们日常生活的影响有多深。

粤韵流芳

漳澎小英雄少儿粤剧团演出剧照

漳澎文娱社演出剧照

双英艳影女戏班

就像不知什么时候开始有人玩弦索一样，漳澎何时开始有人尝试唱大戏，也是无从查考了。传说村中有个叫机南的人，年轻时在广州做工，在广州看过大戏，对演戏有浓厚的兴趣。他看到漳澎这么多人懂得玩音乐，就想将玩音乐与做大戏结合起来。他找来几个凉棚乐手，又找来一班平日喜欢"咦咦呀呀"唱几句的人，在一片空地上煞有介事地学人演起戏来。没钱买服装道具，就随便找来宽袍大袖的旧衣服当戏服，用榕树树须做胡子，他们的"演出"虽然稚嫩，但也吸引了不少路人观看。

广东本地戏班自诞生之日起都是男女分开，男有男班，女有女班。进入民国以后，戏班中男女不准混合这条界线仍未被打破，民国元年（1912），有个特意取名"共和乐"的戏班乘"改朝换代"之机组成男女班，演出十个月后即被当局取缔。女艺员为了生活，便组织起女戏班来，不知为什么，这些女戏班刚出现时，戏班名中都带"影"字。1919年，广州出现了第一个全女班"名花影"，之后，女戏班如雨后春笋在广州涌现，计有镜花艳影、群芳艳影、金钗铎、珠江艳影、菱花艳影、梨花艳影等数十个之多，并拥有李雪芳、苏州妹、黄小凤、张淑勤、陈皮梅、谭兰卿、宋竹卿、任剑辉等名角。应该说，20世纪二三十年代是全女班的鼎盛时期。

这些全女班的活动地点主要是广州，有时也到香港、澳门、上海、梧州、天津等城市及珠江三角洲的乡村演出，剧目有《仕林祭塔》《黛玉葬花》《夜送寒衣》《癫婆寻仔》《生祭李彦贵》等。

组建全女班之风很快吹到粤剧风气甚浓的漳澎。1921年，离广州出现第一个粤剧全女班刚过去两年，"双英艳影"在漳澎横空出世。在20世纪20年代粤剧走向兴盛的年代，出现一个新的粤剧女班并不是惊天动地的大事，但是，这个全女戏班诞生在漳澎这个四面环水、与外界音讯疏隔的孤岛上，就不能不说是一件玄妙的事了。

"双英艳影"由曾留学日本的漳澎人吴星房组建，这是一个只有30多人的小型戏班，也就是戏行中常说的"冚仔班"。冚仔，指庤干了也没多少鱼虾的小水塘。演员以生、旦为主，其余多为临时兼职，其活动地点多在水网地带的乡村戏棚。这些地方相对于广州及一些大城市的戏院来说只是一些小水冚，挣的自然也只是小钱。

吴姓在漳澎虽然是小姓，人丁并不多，但经济实力及文化素质却不弱。吴星房的父亲吴擎国，读书人出身，清末在漳澎也算是一个有影响力的人。吴星房自幼爱好粤剧，年青时东渡日本留学，受过西方文化及日本文化的影响，至于他因何要组建粤剧戏班，因年代久远，已无从查考。双英艳影戏班在漳澎组建、在漳澎排练，但延聘哪位师傅教戏，也是不得而知。班中的一生一旦分别由吴星房的两个女儿吴国英和吴尚英充任，双英艳影的"双英"便是取自两人的名字。大女儿吴国英声音甜美响亮，在班中专演花旦；小女儿吴尚英生得结实粗壮，练就一身好武功，专演武生；团中其余演职员多为漳澎乡亲。这个双英艳影，可算得上是地道的漳澎吴家班。

双英艳影虽然只是个"冚仔班"，班中演员也没什么名气，但气度却不小，在演出剧目数量及演技上，都不输旁人。据班中老人回忆，演出的剧目有《仕林祭塔》《白蛇传》《苦凤莺怜》《女状元》《白玫瑰》《薛仁贵别窑》等 100 多部。成立之初，双英艳影戏班也难免受歧视之风连累，不能到广州吉庆公所接戏，只好分别在广州的大塘街和东莞县城县衙旁边的宣化街挂牌接戏，行走在广州的小型戏院、天台游乐场及东莞一带的乡间戏台间。

俗话说，不是猛龙不过江，在国内磨炼了五年之后，双英艳影的羽翼渐丰，国内的"冚仔"再也藏不住这条猛龙。1926 年，吴星房率领双英艳影前往自己熟悉的日本，先到神户，后到横滨，一连演出了四个多月，深受旅日粤籍华侨及当地日本人的赞赏。回国后，他们继续在粤港澳打拼。这期间，双英艳影的演出水平和在同行的知名度比起以前有了很大的提高。同时，他们也在戏行建立起丰富的人脉。1929 年，双英艳影再度离开广州，在广西梧州、柳州、南宁一带粤语地区演出了一段时间，然后进入安南（今越南），在河内、海防、西贡、堤岸等地巡回演出。在这些地方，不但有大量喜爱观看粤剧的粤籍华侨观众，更有本土华侨或来自广州等地的人开设的戏院，这都为粤剧戏班在这里生存提供了很好的条件。双英艳影在安南各埠一直保持较旺的人气，这令他们如鱼得水，舍不得离开。他们在安南，一待便是三年，真有点乐不思蜀的味道了。可以说，安南这三年，是双英艳影出道以来的鼎盛时期。

进入 20 世纪 20 年代以来，因应市场的激烈竞争及高度的商业化运作，粤剧戏班无论是男班或是女班，都各出奇招竞相延揽名角，以招徕观众，导致戏班组班散班十分频繁，新班名也随风迭出。戏班每年重组一次似乎成了惯例，同一班老倌在一个班内同台演出几年不散，实属奇迹。与双英艳影同一时期组建的其他"艳影"，大都或易却芳名、解散重组，或名堂虽在，但成员早已更替，或干脆烟消云散，唯独双英艳影一直不易其名，立足粤剧戏台十多年而不衰，班中的人更是一直不离不散。1933年，一直活跃在戏台的吴国英要结婚成家，不得不离开双英艳影。按道理，班中少了个花旦，在戏行中聘一个便是，但双英艳影并不这样做，而是直接宣布解散。说实在的，"双英"之中少了一"英"，还叫什么"双英艳影"？双英艳影从此走进了历史。

双英艳影能在粤剧戏班商业化的大潮中坚持十多年大旗不倒，究其原因，可能一是双英姐妹的卓著不凡，产生极大的凝聚力，以至能在商业竞争的大风大浪中站稳脚跟；二是班里的人多为漳澎村内吴家的亲戚或朋友，同声同气之下，全班人和睦包容、矢志齐心。不管怎样，双英艳影能坚持十多年不易名，不换台柱，在戏行中也算是一朵奇葩了。

因结婚告别戏台的吴国英，结婚后仍然没有放弃粤剧。凭借她在戏行的名气和良好的人脉，她很快便与花旦王陈非侬一起，合股组建了"均天乐"戏班，不上台演戏，就做出资的班主。可惜一年多后，她便病逝了。

双英艳影解散后，除了双英之外，大部分人都选择回到故乡漳澎。由于竞争激烈，"处处无家处处家"的戏班生涯应是十分艰苦的，对于个人的生活，难有更多的时间顾及。特别是女班演员，终日操劳于戏台之上，加上流动性大，与男性接触机会少，故此，双英艳影中的多数人有的至死未婚，有的则虽然出嫁但不落夫家。吴尚英就一直未嫁，直至1963年去世，享年59岁。班中的二花旦叶肖娴于1908年出生，进班时13岁，散班时也就25岁。散班后，她回到漳澎生活。25岁，早就过了农村习惯的结婚年龄，从此也没有谈婚论嫁。至 1988 年 80 岁时，她仍是孤身一人。不过，"艳影"们回到漳澎后，并未与粤剧彻底疏离。新中国成立以后，漳澎村成立了自己的业余粤剧团，虽然此时她们已演不了戏，但弄片子、戴头饰、给演员准备戏服等后台功夫，她们并未完全忘记。每逢漳澎粤剧团演出时，在灯光火亮的后台，都会见到她们忙碌的身影。

"小英雄"童子班

就在双英艳影全女班在吴星房的率领卜东渡日本，到神户、横滨等地演出之际，1926 年，另一个全男粤剧童子戏班"小英雄"在漳澎组建。

"小英雄"童子班是漳澎土匪组织公立堂的头目陈淦出资组建的。与吴星房组建的小型全女班不同，陈淦财大气粗，他要组建的是大型的全男班。

陈淦决心打造一个一流的戏班，凭着自己财雄势大及在戏行中的人脉，他很快便聘来几个教戏师傅。这些教戏师傅都是戏行中有名的老行尊，计有教小生的靓仔金、教花旦的杨州安、教武生的崩牙坑等，同班的还有蛇王苏、蛇仔利、靓元亨、肖丽章、金山炳等名宿，可见实力不弱。

出师须有名，既是戏班，应当有一个响亮的名字。大概因为自己是"绿林英雄"，陈淦把戏班命名为"小英雄"。一番筹备之后，1926 年，待所聘的教戏师傅齐集以后，小英雄戏班正式招徒。根据师傅们的意见，所招的学徒均为 13 至 15 岁的男性少年。戏班虽然只是个由少年组成的"细班"，但却以 70 多人的大型班的格局组建。

实话实说，大概是因为"兔子不吃窝边草"，虽然漳澎公立堂有不少劣迹，陈淰当时亦被省内各报纸称作"著匪"，但他对家乡漳澎的骚扰并不大，当他要组建戏班并在漳澎招徒的消息传出后，来报名的人还真不少。漳澎是个孤岛，除了耕田、捉鱼虾之外，就业门路不多。而按戏行规矩，在戏班期间伙食由戏班包办，一年中还置两套衣服，这对于村内一些靠捕鱼虾、捉蟛蜞度日的穷孩子来说，简直像是进了"天堂"一样。而对于一些家中孩子多而无力抚养的家长来说，更是求之不得的好事。况且，学成之后，不论成名不成名，好歹也能挣口饭吃。那时的名艺人被称为"大老倌"，薪水不低，有名有利，是不少人追逐的目标。不过，也有人称戏行的人为"唛口仔"，属下九流，所以，一般说来，较少有富裕人家甘愿让自己的孩子入戏班学戏。当然，报名踊跃，与漳澎人喜爱粤剧也有很大的关系。

小英雄戏班收徒，以自愿报名为原则。这些孩子有的由父母送来，更多的是自己去见师傅。师傅挑选学徒并不十分严格，文化方面也无特别要求。先是看相貌，一般没什么缺陷，长得不是特别丑便可以，接着是走走场，开喉喊几声，若无大碍便算通过。没几天，70余人便全部招满。这70余人，几乎全是土生土长的漳澎人，也有个别来自外村，而这些人多多少少与陈淰有点关系。如后来在戏行被称为"东莞铁扫把"、中华人民共和国成立后曾任东莞醒群粤剧团团长的陈铁秋，便是外村人。此外，班中的开戏师爷、棚面需由成人担任，这些人都是外聘的。

入选小英雄戏班的孩子大多数都是来自穷困人家，斗大的字也识不得几箩，他们进戏班学戏的目的，也就是找条出路而已，最低限度也能挣口饭吃，减轻家里的负担。不过，到小英雄戏班学戏的人也不乏富裕人家的子弟，像后来成为正印花旦、取艺名为林惊鸿、一直在戏班里浸泡的林炯增，其家庭便是拥有不少田产的富户。他之所以愿意委身戏班学戏，应该跟父亲林镇南有莫大关系。前文有述，擅长扬琴演奏的林镇南曾就读于广东高等师范学校，与粤乐名家严老烈有过交往。而严老烈除了醉心音乐研究之外，对粤剧也有浓厚的兴趣，曾与著名戏剧艺术家欧阳予倩等人在广州创办广东戏剧研究所，里面就设有一个专门学习粤剧的班，可见他在戏剧方面也有不浅的造诣。从这方面分析，林镇南在与严老烈的交往中受到戏剧方面的熏陶应是很自然的事。林镇南的另外两个儿子也是把弄乐器的高手。有这样的家庭氛围，林炯增投身戏班也就不足为奇了。

后来成为小英雄戏班正印小生的曾淦泉（先后取艺名为曾少强、曾师马）家境也不错。虽然父亲早亡，但他的叔叔却是在广州开金铺的。13岁那年他报名进小英雄戏班时，母亲并不十分同意。父亲早亡，曾淦泉又是独子，加入戏班后要流动演出，做母亲的自然舍不得。无奈他本人兴致甚浓，坚持要去，母亲拗他不过，最后只好同意。少年曾淦泉十分喜欢看戏，也时常与同伴学人做戏。他住的地方巷尾有一排大榕树，他与十几个喜欢演戏的小孩常常聚在一起"演戏"，有的伸手到河里抓一把泥涂涂在脸上扮大花脸，有的把榕树的根须扯下来，挂在脸上扮演皇帝或大臣，有的用布衫包头，手里拿着半截竹竿当兵器，在人群中穿来插去，还有的蹲在榕树底下，用竹筷子敲打一堆破碗烂碟……

后来在小英雄戏班擅演童角、艺名靓少容的杜容，是"赖"进小英雄戏班的。小英雄戏班招人那年，他才12岁，年龄达不到不说，还生得又夭（瘦）又矮，师傅一看便不中意，没有把他收入班中。但他没有就此罢休，小英雄戏班在村中徐家厅开班时，他坚持与班中学员一道，天天出现在徐家厅。师傅对学徒训话，他站在一旁聆听。师傅教学徒练功，他也在旁边跟着练。他很机灵，师傅才教一遍，他就能重复做出来，比不少正式学徒上手还快。精诚所至，金石为开，十多天后，师傅终于被他感动，破格把他收进班里。进班以后，他更加勤学苦练，在师傅的悉心教导下，成为一名出色的童角。他所饰演的孩童、书僮、戒差等角色，惟妙惟肖，令人喝彩。他14岁那年参加演出《六国大封相》，挂起长须饰演皇帝，"杜容十四岁封皇"一时传为美谈。

按照当时戏行童子班收徒的规例，学徒进入童子班后，须向班主立一份"投师约"，有人将它简称为"师约"。不用说，所有进入小英雄戏班的学徒，都签了这样一份师约。师约签订后，这70多个小英雄班学徒便与陈淦有了一种人身依附关系，难怪戏行里面有人把这师约谑称为"卖身契"了。

人员选定后，学徒集中在漳澎村徐家厅，由请回来的几位师傅负责训练基本功。学徒白天练功，晚上集中睡觉，但晚餐一律自行回家吃。练功分两部分：一是练声，也就是常说的叫声，粤语则称"嗌声"。二是练力，包括练身段、台步、关目（眼神）等基本功。练声时十分严格、系统、正规，师傅嗌什么，学徒跟着嗌。练力时师傅手中拿着藤条站在身后，学员稍有松懈，藤条就会高高举起，若还是过不了师傅的眼，藤条就会打下来。学员一开始已分行当，学花旦、小生的只是扎扎马步、做做踘鱼（即俯卧撑），然后主要是练习唱功及身段、台步、做手、关目，而学武生的除了练拉山、踢腿、压腿、车身、拗腰等，还要不停地打空心跟斗，其劳累程度甚于扛梆头去锄田。十三四岁的孩子，正是发育时期，力气足，但消耗亦大。练罢归家吃晚饭，有的竟然可以连吃十碗米饭。

进入小英雄戏班的孩子文化水平普遍都不高，穷孩子读书少自不必说，那时漳澎未有中学，曾淦泉的文化水平只是高小，恐怕已是"顶笼"了。不过，他后来能创作粤曲，可见其古典诗词的基础是不差的。林镇南曾在广州就读广东高等师范学校、后来又任漳澎小学校长，从这一点看，林炯增进学校读过书是无疑的。刘秀球于"文革"时期曾参与东莞县文化馆的"粤剧改革"活动，凭一己之力将外省小戏《牛栏春暖》改编成粤剧，并将全部唱段用简谱打出，而杜容在集体化生产时期曾任生产队的保管员，负责生产队的财物管理，可见这两个人进入小英雄戏班时也有一定的文化基础，并非白丁之辈。虽然师傅面试时不太看重学徒的文化程度，但进班之后分行当时，要承担武生、小生、花旦等重要台柱角色的人，对文化程度还是有最低的要求，毕竟这些角色多多少少是要接触文字或剧本的。这样，家境殷实、进班前读过书的林炯增、曾淦泉、丁良裕、刘秀球等人便占据了文化上的优势，被分配承担花旦、小生、武生、丑生等角色。

在那时，戏班对表演行当扮演角色有严格的规定，演员按事前约定应工的行当后，就不能随意更改，不然的话，会被认为是破坏了行规，必须受到惩罚，严重者还可被革除出戏行。这样的话，入行时学什么行当就显得很重要了，因为不是什么行当都是可以成为又领高薪又有名气的大老倌的。丁良裕、林炯增、曾淦泉、刘秀球、李满成等几个成就较大的人，除了得益于家境较富裕之外，还得益于文化水平相对较高。不过，无论是学什么行当，都各有各的难处，对于这些没见过什么世面的农村孩子来说，都是一件考验意志力的苦差事。不久，一些挨不住的人便打退堂鼓，退出了小英雄戏班。

在徐家厅训练一段时间后，学徒们的基本功上了一个台阶。正在这时，风传省里将派兵到漳澎清剿土匪，矛头直指"著匪"

陈淦。陈淦闻讯即溜到香港避风。到香港后，他一直惦记着刚刚组建起来的小英雄戏班。他先在九龙油麻地租好地方，然后派人将小英雄班接到新驻地。他之所以不惜花费巨资让几十人挪窝，是有自己的打算的：一方面，是为了戏班的安全；另一方面，也是主要的，他觉得班中学徒在打好基础以后，应找更好的师傅来带他们提到一个更高的层次。

在小英雄戏班到香港之前，陈淦已着手物色接手的名师。在粤剧编剧陈天纵（东莞望牛墩人）的牵线下，他如愿以偿聘请到正在九龙旺角西洋菜街开馆教戏的师傅"花鼓江"。花鼓江原名方芷湘，原籍广州，出身粤剧世家，原来是活跃在戏台上的知名演员，光绪二十年（1894）开始转行教戏。一路教来，弟子无数，他逐渐成为粤剧行中著名的教戏师傅，行内人称他为"大戏师傅"。戏行中很多后来成名的大老倌，如新珠、擎天柱、罗品超、邓丹平、黄鹤声、黄千岁、张活游、梁三郎、钟卓芳、李松坡等，都曾是他的学生，琼花影剧社的花旦张淑勤也是他教授出来的文武全才的演员。可以说，在当时的戏行中，再也找不出比花鼓江名气更大、水平更高的教戏师傅了。陈淦能做到这一步，可见他对小英雄戏班充满着期待。花鼓江通晓粤剧各个行当的表演程式和技法，执教时既要求严格又循循善诱。接手小英雄后，60多岁的他不但教授表演基本功、音乐、锣鼓，还负责排戏和演出。

1928年初，小英雄班迎来了"开身"之日，在班中担任主要台柱的演员在师傅的帮助下取好了艺名：演花旦的林炯增取艺名林惊鸿，演小生的曾淦泉取艺名曾少强，演武生的丁良裕取艺名丁公醒，演末的杜容取艺名靓少容，演净的杜牛取艺名癫牛，演丑的刘秀球取艺名豆皮狗。

依八和会馆规矩，全班要先到会馆华光大帝神前演出《八仙贺寿》，观看的有八和会馆的老叔父老前辈。演出得到认可后，戏班正式挂出"小英雄"的班牌在社会公开演出。第一个公开演出的地点，是建在广州西瓜园广州商团操场原址的太平戏院，丁公醒演武生，曾少强演小生，林惊鸿演花旦，靓少容演童角，癫牛演花脸。正是严师出高徒，经花鼓江调教出来的"小英雄"，个个都英雄了得，莺声初啼，便博得观众热烈的掌声。

在广州正式登台以后，小英雄班便像大多数的戏班一样，登上红船到四乡演出。红船，是粤剧艺人下乡演出时集体生活的居所和四处漂泊的交通工具。小英雄戏班的艺员早已习惯了集体起居的生活，过去在家乡的凉棚就是这样生活的，不过，住红船毕竟是一种全新的生活体验。由于班中学徒与陈淦签的约为三年期限，三年未到，学徒还未算正式满师，这种演出，算是实践中的一种学习。边演边学，边学边演，这也是在童子班学戏的一种惯例。一方面班主可以挣到钱，弥补支出；另一方面也可使学徒们提高得更快。由于班中演员年轻、有朝气、无陋习、演出落力，且收取的戏金不高，小英雄班在乡间大受欢迎，演出的剧目有《薛仁贵征东》《岳飞》《十岁封王》《花蝴蝶》《天网》《白旋风》等。一时间，小英雄班在珠三角地区声名鹊起。

1929年，小英雄班的学徒与班主陈淦所订的三年师约期届满，"小英雄"们通过红船的历练，逐步走上正轨，不少人都在憧憬着满师后的美好未来。岂料正在这时，公立堂出事了。

公立堂从"埋堆"到这时，已过去十多个年头。正是日久生变，陈淦、丁福、徐光三人虽然立下"有福同享、有难同当"的盟誓，但时间一长，每个人都想独占漳澎这块肥肉，加上敌对势力的分化瓦解，于是内讧不可避免地产生了。1929年的某一天，已经"成军"的丁福派人到香港，约陈淦回漳澎，说有要事商量。既然是回到自己的老巢，陈淦的警惕性也就大大打了折扣。他做梦也没有想到，这次刚一回到漳澎，便被埋伏在暗处的杀手击毙了。

陈淦突然死去，小英雄班一时失去了主心骨。"树倒猢狲散"，陈淦这棵大树一倒，小英雄戏班便开始动摇了。班内人心惶惶，勉强撑了几个月，无奈在最后不得不宣布散班。班中的师傅、棚面等成人自有投靠的地方，而刚出师不久的"小英雄"，大体可分为两个去向：一部分家境较好、在戏行有一定名气、可胜任本台柱戏份的，如曾少强、丁公醒、豆皮狗、林惊鸿、靓少容等选择留在戏行继续打拼；而另一部分，也是占大多数的"茄哩啡"（粤语，指跑龙套的演员），因无特殊技艺，只好卷铺盖回乡。

在陈天纵的引荐下，曾少强、丁公醒、林惊鸿很快便进了花旦王陈非侬的省港大班孔雀屏班，丁公醒任正印武生，曾少强改名曾师马，任第二小生，林惊鸿任第三花旦。刘秀球投身名丑廖侠怀门下，靓少容则随了名伶豆皮庆。不过，这些留在戏行中的"小英雄"此时加入的戏班都是成人班，跟童子班不一样，成人班每年都要经历散班与组班。经过多次的散班组班之后，丁公醒、林惊鸿、曾师马三人也都分道扬镳，各有各的去处，而靓少容、刘秀球后来由于一时无班可落，最后相继回到了漳澎。

曾师马、丁公醒、林惊鸿三人凭着科班出身，后来所落的戏班又都是"猛班"，班中更不乏著名的老倌作标杆，随着戏台实践增多，技艺便日渐长进，根基也越发稳固。1938年，曾师马回到广州。此时，广州正遭侵华日军频频空袭。在一次空袭中，曾师马在广州的住所中弹，行头（指戏曲表演时穿的服装）被烧殆尽。当时在广州的戏班纷纷避走香港，失去行头的曾师马无以成行，只好留在广州，靠开缸瓦铺度日，直至1947年回到了漳澎。至此，原本70多人的"小英雄"，就只剩下丁公醒和林惊鸿两个人留在梨园打拼了。

根深叶茂的粤剧大树

从漳澎村走出来的全女戏班双英艳影及全男戏班小英雄最终都散了,一阵喧嚣之后,一切似乎又回到了原点。从此,双英艳影和小英雄的名字不再出现在珠江三角洲的戏台上,但也留下了一个村子走出过两个专业戏班的佳话。在同一个村子里走出过两个成绩斐然的专业戏班,这在粤剧史上也算得上绝无仅有。实际上,双英艳影与小英雄对于漳澎村来说,留下的又岂止是名声与佳话这么简单?它们在漳澎播下的粤剧种子,在漳澎这块堆积着神奇广府文化土壤的土地里,已慢慢地发芽、生长,最终长成一棵根深叶茂的参天大树。可以说,自双英艳影和小英雄诞生以后100多年来,漳澎的粤剧粤曲从未断过。

游子当归,无论是女"英"还是男"英",在戏班散了之后,大部人都回到了漳澎这个生养他们的地方。他们的归来,将印染着浓郁粤剧气氛的一池春水再次搅动。

除了双英艳影和小英雄之外,对于20世纪三四十年代漳澎村内的粤剧活动,人们也有着星星点点的记忆。抗日战争初期,一群喜好粤剧的年轻人在村中的启明书院组成一个演粤剧的团体,由于存在时间不长、活动不够规范,这个团体连名称也没留存下来。这个团体散了之后不久,一些在启明书院学过戏的人重新组建了一个剧社,这回他们有了自己的名堂,叫群英社。这些人由于有一定的基础,就自己当起师傅来。也许是受当年小英雄的影响,他们也招募了一批小孩子来学习。有一位喜好粤剧的有钱人,还特地提供房子供他们平时学戏之用。不久,村中另外一群喜欢粤剧的人组成耀英社。这两个小团体分别搭建了凉棚,作为平日学戏的地方。由于两个团体的成员经常在一起切磋戏艺,后来干脆合二为一，沿用群英社之名。这群英社与当年的小英雄虽然不是一个档次，但吸引力也不小。有老人回忆，当时进入里面学戏的，还有几名女子。这对于漳澎来说，显得很不寻常。

如果将20世纪20年代漳澎出现过两个专业戏班看作漳澎粤剧活动的第一个高峰的话，那么，50年代初，在回乡的小英雄师兄弟们的带动下，漳澎的粤剧活动达到了另一个高峰。中华人民共和国成立以后，在一些热爱粤剧的村干部的推动下，漳澎村以粤剧为主的群众文化得到迅速恢复。这一时期，肚里有点墨水，新中国成立前参加过中共组织的地下活动的曾淦泉在乡里任文书，不久又调到漳澎小学任教师，这就为漳澎粤剧活动的复苏提供了条件。由于这时曾淦泉已下决心不再出山加入戏班演戏，曾师马这个当年由陈天纵改定的艺名，他也就不再用了，而改回曾淦泉的名字。

虽然不用在戏班时的艺名，但这丝毫也没有改变曾淦泉对粤剧的挚爱。1951年，在他的牵头下，以杜容、刘秀球、李满成、杜牛、刘锡仔等回乡的小英雄班师兄弟为演员班底，再加上李任水、林甫宁、林燨增、徐祖乐、徐胜、黄挺等一班音乐手，组建了漳澎粤剧团，每逢年节，都到附近的乡村演出。每到一处，人们都把漳澎粤剧团当成是小英雄戏班，仍称曾淦泉为曾师马。

小英雄班成立时只有男花旦，而男花旦林惊鸿自散班后一直未回漳澎，而此时的粤剧团，花旦早已是由女演员担任，即使林惊鸿在，也不能再充任花旦了。漳澎粤剧团虽是业余性质，但团里面的人大都是科班出身，又在专业戏班与名老倌同台演过戏，所以，这个团一成立，人员规模、服饰、布景、剧目等方面都以专业的中型班面目出现。没有花旦，就到广州去聘请。在广州，每年都有不少未被聘入戏班的花旦，聘请一两个回漳澎并不是难事。漳澎粤剧团成立后演的第一场戏是《二八娇妻一岁郎》，主题是诉说旧社会包办婚姻制度下妇女的苦痛，是为配合当时的妇女解放运动而演的。剧中有个人物的年龄只有一岁，按惯例，完全可以用道具人（斗官）来代替。恰恰这时曾淦泉的儿子曾金坚刚满一岁，大概是想让这个儿子从小便感受戏台气氛，将来也能传承粤剧，他干脆把曾金坚抱上了戏台。这孩子也真是个传承粤剧传统的料，在戏台上面对着耀眼的灯光和刺耳的锣鼓，居然不哭不闹，安安静静配合大人把自己的戏份演完。

中华人民共和国成立初期，包括群众文化在内的各行各业都进入恢复和开创的时期。面对当时的政治形势和上级部门的要求，漳澎的干部觉得很有必要加强漳澎粤剧团的力量，重点是培养村中粤剧事业的接班人。这时，曾淦泉正在学校教书，平日就有不少学生要跟他学演戏，他也在学校不定期地举办一些短期培训班，并取得了一定的效果。于是，乡里做出决定，以小英雄班的师兄弟为骨干，成立漳澎文娱社，同时将曾淦泉从学校里抽出来，专门负责在文娱社对新人进行培训及漳澎粤剧团的工作。文娱社成立以后，第一件事便是面向全村招收学员，将一些爱好粤剧的青年人招揽进来，而当务之急是为漳澎粤剧团培养女花旦。毕竟每次演出都要到广州外聘花旦，实在不是长久之计，漳澎村喜欢粤剧的女子大有人在，与其每次演出都花钱到外面聘请花旦，不如就地取材，自己培养。

说到当师傅培养粤剧新人，回到漳澎的小英雄班的师兄弟们的粤剧知识和技能都很全面，刘秀球、李满成等人都有过一段较长的外出教馆经历，他们的足迹遍及东莞及现今黄埔的不少村乡，凭着当年在小英雄戏班打下的坚实基础，他们在为当地培养粤剧人才，将漳澎深厚的粤剧文化辐射到外地等方面，都发挥了极其重要的作用。

在 20 世纪 50 年代，为配合政策宣传和活跃农村文化生活需要，建立乡村文娱组、戏剧组或业余剧团，在珠江三角洲一带农村已形成风气。可以说，漳澎成立文娱社也是顺势而行。不过，漳澎并不像别的村那样将这个组织称作"文娱组"或"戏剧组"，而是称为"文娱社"。这大概与漳澎的公共凉棚传统上都称作"社"有关。另外，别的村成立文娱组，招进来的多为成年人，经过一段时间熟习、排演之后，即可上场演出。漳澎文娱社走的是当年小英雄戏班的路，专门招收儿童进社，让他们像当年的小英雄一样，从基本功学起。漳澎那些曾经在小英雄戏班浸泡的师兄弟们相信，只有这样，招进来的人才可堪大用、耐用。正是当年这一决策，才使得漳澎文娱社日后走出了一批可用之材，才使得漳澎日后的粤剧活动代代相传、长久不息。从某种意义上说，漳澎文娱社可算得上是第二个小英雄戏班。

经过不到两年的培训，学员们都相继成才。特别是曾镇和、赖映华、殷映球、黄月芳、吴保珍五朵小花，都能担起花旦的角色。有了这五朵小花，漳澎粤剧团从此不愁没有花旦了。漳澎粤剧团虽是业余性质，自 1951 年成立以来，一直是以较为正规的粤剧戏班面目出现的，特别是培养出自己的花旦之后，声威就更壮，他们排演的剧目与正规剧团相比，可以说是毫不逊色。几年来，他们在漳澎及周边乡村，演出了《一张白纸诉青天》《十五贯》《九纹龙史进》《三弃梨金蟾》《花王仙女》《孟丽君》《相见不相亲》《附荐何文秀》《虎头牌》《柳毅传书》《梁山伯与祝英台》《劈陵救母》《檀香女》《血掌印》等几十部戏。除了为漳澎乡亲增添欢乐之外，漳澎粤剧团也成了附近乡村逢年过节争请的对象。

时间来到了 1959 年，漳澎的经济跟全国绝大部分地方一样，陷入了困境。在吃过一阵不用钱的大锅饭之后，本是鱼米之乡的漳澎村便经历了一连19天没有一粒米进肚，全靠吃甘蔗、香蕉树头及上级调拨的木薯粉充饥的艰难日子。如此情况下，谁人还顾得了文娱社？再加上1958年10月麻涌人民公社成立了红旗文工团，把曾淦泉调去当团长，文娱社和粤剧团便在无声无息中停止了活动。

困难时期过了之后，村里正酝酿复办文娱社，毕竟这是村民共同的心头之好，但令很多人意想不到的是，"文化大革命"骤然而至，传统粤剧、音乐被扣上"四旧"的帽子被严令禁止传唱，更加不能演出、教授或者学习。凉棚中的广东音乐声戛然而止，曾淦泉、刘秀球、李满成、杜容等小英雄班师兄弟也慑于"文化大革命"的声威，黯然退至一边。在广东粤剧界中有极高声誉的丁公醒，1972年回到漳澎时，也只能每天到漳澎口水闸打太极拳和钓鱼打发日子。

1969年5月1日，为适应当时的政治形势，漳澎村成立了毛泽东思想文艺宣传队。这里面，除了部分文娱社的老社员外，还有不少新加入的小英雄班师兄弟的后代。宣传队成立初期，以表演歌舞为主，但漳澎毕竟是粤剧之乡、音乐之乡，一段时间以后，大家都按捺不住演起粤剧和演奏起粤乐。村民和宣传队员都心照不宣：无论怎样，绝不能让粤剧和粤乐演奏在漳澎断了根脉！

"四人帮"倒台后，漳澎文娱社很快便恢复了活动，在曾淦泉、刘秀球、李满成、杜容、刘锡仔等小英雄班师兄弟的带领下，重组了漳澎粤剧团。

漳澎文娱社和漳澎粤剧团此番重建，没再招收少年入社培训，而是以文艺宣传队和文娱社的老社员为骨干，再招收部分对粤剧感兴趣的新人，对那些基本功不够扎实的成员，则采取"以演带练"的办法，一边演戏，一边提高。同时，采用优胜劣汰的办法，将一些实在不适合演戏的人淘汰出去。这样过了两年，漳澎粤剧团又开始走上正轨，演出的传统粤剧剧目逐渐多了起来。林燮增、徐胜、黄挺、殷全江等一批久负盛名的老乐手也焕发艺术青春，汇聚到漳澎粤剧团来。漳澎粤剧团的名声又一次在四乡响起。

时间来到了 1983 年，中国的改革开放正向纵深推进。这一年，在漳澎推行了近 30 年的集体所有制瓦解了，早已习惯参加集体生产劳动、靠挣工分生活的村民，一夜之间变成承包集体土地、自己耕种的个体农民。这也意味着，村民从此可以脱离土地的羁绊，自由地选择自己喜欢的谋生方式了。渐渐地，漳澎开始有人洗脚上田，从事香蕉长途贩运、船舶运输等工作，离开漳澎到外地工作的人越来越多，其中也包括一些加入了漳澎粤剧团的人。在这之前，东莞县成立粤剧团，把漳澎粤剧团中的几个骨干都抽调去了，漳澎粤剧团实际只剩下一个空架子。与村中的凉棚、凉棚音乐一样，在改革开放向前推进的滚滚大潮中，漳澎粤剧团也渐渐走向式微。

剧团在百般无奈中解散了，曾淦泉等小英雄班师兄弟的内心非常沉痛，他们都进入了暮年，什么时候能见到漳澎的粤剧再度兴起？他们明白，如果漳澎的粤剧之脉在这代人手中断掉了，以后就很难再续上了。他们把剧团的戏服、头饰等行头收拾好，仔细地放在戏箱里保存起来，也把对漳澎粤剧事业再度兴起的希冀，埋在了心底。

进入 20 世纪 90 年代以后，曾淦泉、杜容、刘秀球、李满成等小英雄班师兄弟相继离世。令人遗憾的是，这一时段，正是漳澎粤剧活动偃旗息鼓、最为沉寂的时候。不过，在漳澎生长了几十年的那棵粤剧大树，此刻虽然枝叶凋零，但深扎入土的根仍未折断，只等春风一吹，它便会重新绽出鹅黄嫩绿的新枝来。

事实上，进入 90 年代不久，粤剧、粤曲逐渐迎来阳光灿烂的春天，此时，粤港澳及广西等地，以演唱粤曲为主的私伙局、乐社如雨后春笋，纷纷涌现。这股风渐渐吹到了漳澎，一些留守村中生活的原漳澎文娱社的成员，迫不及待地聚在一起，为恢复漳澎的粤剧活动献计献策。1995 年，在漳澎管理区领导的大力支持下，漳澎曲艺中心挂牌成立。漳澎曲艺中心，依然以小英雄班师兄弟的后人为骨干，黄挺、殷全江、徐胜等仍健在的老乐手不顾年迈，也全力参与其中。

漳澎曲艺中心虽然成立了，但漳澎文娱社是小英雄老师傅们创下的品牌，对这个享誉东莞几十年的老牌子，很多人都念念不忘。不久，在几位有心人的倡议下，恢复了漳澎文娱社这块老牌子。

这时，在漳澎村中，演粤剧似乎每况愈下，但唱粤曲却逆势而上，村中爱唱粤曲的人越来越多。光是一个漳澎文娱社，已满足不了那些顾曲周郎的需要，一部分人便顺势分了出来，继续举起漳澎曲艺中心的牌子。随着时间的推移，村中喜爱唱粤曲的人越来越多，两个乐社仍然满足不了唱曲人的需要。过了一段时间，又一个以唱粤曲为主的民间社团漳澎曲艺社亮出了牌子。

由于各方面条件所限，漳澎文娱社此次恢复活动之后，再也无力排演长剧了。但是，老文娱社留下来的行头总不能闲着，排不了长剧，就排折子戏，每年的春节，他们都为村民演出一个折子戏专场。除《白龙关》《狄青闯三关》《花田错会》等古装粤剧外，他们还演出过现代粤剧《山乡风云》的选场。说实在的，没有了小英雄那班师兄弟当师傅，想在新的文娱社培养出高水平、能演能唱的新人是一件十分困难的事。故此，每年的折子戏专场，出现在戏台上的都是一些老脸孔，有些甚至是演来演去的老剧目。但是，台下的村民并不感到乏味，台上台下似乎已有了一种默契：

不在乎演得有多么精彩，只在乎大家都在坚持。不管怎样，唯一的愿望就是让漳澎的粤剧之脉延续下去。

漳澎文娱社裂变出三个民间乐社，对漳澎众多的凉棚乐手和顾曲周郎来说，都是一件好事。因为在漳澎村内，喜欢粤剧且十分活跃的乐手尚有近百人，而喜欢一展歌喉的粤曲爱好者更是不断涌现，这些人若都挤在一个文娱社内，岂不"爆了棚"？现在有三个乐社可供选择，让每个爱好者都有自己的安身之所，这既是漳澎粤剧粤曲事业之大幸，也是漳澎凉棚音乐传承之大幸。

新苗茁壮

时间来到 2011 年，在漳澎一个不大显眼的火龙果园旁边，不知不觉间，出现了一座名为"小英雄粤剧艺术纪念馆"的建筑物。建造纪念馆的，是曾淦泉的女婿黄日辉和女儿曾镇安。

传承漳澎村的粤剧传统、发扬小英雄戏班的粤剧艺术，是在黄日辉、曾镇安夫妇心中存留已久的梦。早在 1995 年，为了圆梦，夫妇俩把两个儿子黄汉杰、黄汉钿一并送进广东粤剧学校。2001 年，兄弟俩从广东粤剧学校毕业，由于各种原因，都没有进入专业粤剧团，但却在名声显赫的民间业余粤剧团东莞长安粤剧团里坐稳了台柱。十数年来，兄弟俩主演了《思源》《繁华梦》《碧血红花》等一批传统和现代剧目，并受邀进京到人民大会堂和梅兰芳大剧院演出。这个团的足迹还远达香港、澳门、上海、四川广安、广西南宁、法国等地。两个儿子在传承粤剧方面有出色的贡献，按道理，黄日辉夫妇也该老怀欢慰了。但是，黄日辉心中的结仍未解开，因为，他仍欠小英雄老师傅们的一个承诺。

漳澎曲艺中心组建时，尚健在的杜容、李满成、刘锡仔等几个原小英雄戏班的师兄弟，因年迈无法再参加活动，而徐胜、黄挺、殷全江等老一辈乐手也明显感觉到力不从心了。他们都希望，能找到一个有心人，将小英雄戏班的事业传承下去。

有一天，黄日辉路过漳澎供销社门口，李满成、刘锡仔、杜容正坐在杜容摆设的小摊前闲聊。几位老人家把黄日辉叫住，大家一起聊起小英雄戏班的往事。聊着聊着，几位老人不禁唏嘘起来，大家都无限感慨，觉得小英雄戏班的粤剧艺术后继无人，很快便要失传了。黄日辉听后，于感激之中又多了一份沉甸甸的责任，他当即对几位老师傅说："你们放心吧，我一定会报答各位前辈对我的关心和培养，将来若有钱了，我会替小英雄盖一座纪念馆，若无钱也会为小英雄立一块碑。"

此后，黄日辉发奋挣钱，十数年后，他手头终于有了不菲的余钱，有条件兑现当年对师傅们的承诺了。2009年，他在漳澎火龙果园旁边租了一块边角地，开始了建设小英雄粤剧艺术纪念馆的筹备工作。建造过程的艰辛无须赘言。2011年，一座带有小舞台、占地80平方米的小英雄粤剧艺术纪念馆建成。纪念馆以小英雄戏班的历史为主线，用图文并茂的形式进行了简单的陈列。小英雄戏班留下的实物不多，这个纪念馆给人们启示的只是一种象征性的意义，但在现实的条件下，有这一层意义便已足够了。

不久，在小英雄粤剧艺术纪念馆旁边，又建起了一座占地160平方米的排练场。这意味着，小英雄粤剧艺术纪念馆已不再是单纯的纪念性质，它已在传承粤剧艺术的道路上迈进了一大步。2012年，小英雄粤剧艺术纪念馆以培训班的名义在漳澎村招收小学员进馆学习，利用课余时间、节假日免费对小学员进行基本功培训。开始时，学员不多，曾淦泉的女儿曾镇和、曾镇安，儿子曾金麟、曾金坚，女婿黄日辉，外孙黄汉杰、黄汉钿轮番上阵，为小学员作辅导。为了传承小英雄的粤剧艺术，曾家可谓全家总动员了。

2013年，对执教少儿粤剧有丰富经验的原广东粤剧学校副校长麦嘉，来到小英雄粤剧艺术纪念馆任教。麦嘉的到来，为日后这里成为少儿粤剧培训基地打下了坚实的基础。正是这一年，在麻涌镇委、镇政府的支持下，在这里成立了东莞市麻涌小英雄少儿粤剧团。除了麻涌镇委、镇政府的支持外，倪惠英等一众粤剧界名人对这个以培训少儿粤剧艺术为主旨的基地给予了足够的关注。2017年，著名粤剧演员孙业鸿进入小英雄少儿粤剧培训基地任教，培训基地进入一个全新的时期。

从2011年建立漳澎小英雄粤剧艺术纪念馆开始，到从事少儿粤剧培训，小英雄少儿粤剧培训基地至今已走过了差不多10年的路程。近十年来，东莞麻涌小英雄少儿粤剧团的"小英雄"们获得了几十个国内外奖项，培训基地陆续成为东莞市第二批非物质性文化遗产工作站、广东省少儿戏曲传承基地、广东省社会科学院非物质文化遗产保护研究中心东莞市粤曲研究基地、东莞（麻涌）少儿粤剧曲艺创作基地。

近十年来，小英雄少儿粤剧团承担了东莞市文化部门组织的送戏到基层、粤剧进校园的大量任务，为粤剧的传承做出了独特的贡献，影响力已远远超出了漳澎村。

2015年，在小英雄少儿粤剧培训基地有杰出表现的叶欣羡和黄芷桐进入了前身为广东粤剧学校的广东舞蹈戏剧职业学院戏剧系，学习粤剧表演。2018年和2019年，小英雄少儿粤剧团中，莫彦珩、陈振宇和袁宇鑫、黄锐嘉相继进入该校。小英雄培养出来的粤剧人才，犹如狮子洋上的碧波，一浪接着一浪。

从最初的小英雄粤剧艺术纪念馆，到小英雄少儿粤剧团，再到小英雄少儿粤剧培训基地，再到为广东舞蹈戏剧职业学院源源不断输送人才，黄日辉与曾镇安的粤剧传承之路越走越远，也越走越宽。

漳澎小英雄少儿粤剧培训基地与漳澎村三个粤剧社团之间，走的可能不是同一条路，但都是在为传承作为广府传统文化载体的粤剧努力。粤剧，诞生于民间，根植于民间，它的衣食父母也在民间。大凡民间的传统文化，唯在民间传承才能久远，才会实在，粤剧也是如此。从这一点上说，漳澎，实在是民间传承粤剧的一个典范。

水上飞龙

1984年，漳澎龙舟队在香港国际龙舟邀请赛夺冠后在村中合影

1997年，漳澎龙舟队在第九届多伦多国际龙舟赛夺标后留影

2019年，漳澎龙舟队在瑞士第28届艾格丽萨龙舟锦标赛夺冠后合影

漳澎龙舟队历年获得的部分奖杯

扫码观看 1984 年香港国际龙舟
邀请赛漳澎龙舟队夺冠实况

扫码观看 2019 年漳澎龙舟队在东莞市
麻涌镇龙舟大赛夺冠实况

天赐的扒龙舟圣地

　　划艇，广府人多称扒艇；划龙船，自然也称扒龙船了。今天，顺着巨大的漳澎牌坊进入漳澎大道 50 米左右，便会在大道右边的文化体育广场旁边见到一个简洁而醒目的巨型雕像：一条昂首奋进的巨龙上，手执木桡的桡手正在奋力扒桡。这是漳澎的村标，也可以说是漳澎的村魂所在。

　　喝东江水长大的人，都知道漳澎人"好扒"，都知道漳澎飞龙的厉害。事实上，200 多年前，当漳澎从水中冒出来的那一刻，就注定这个地方将来是个扒龙舟的圣地。清代中后期，漳澎发展到一定规模，已有财力打造自己的龙船。漳澎的龙船甫一出道，便一鸣惊人，几乎"扒遍标场无敌手"了。

　　都说一方水土养一方人，漳澎人的"好扒"，由天赐的环境造就。这环境，当然包括自然环境和人文环境。试想想，人们在此搭棚安居之初，潮水一涨，房子周围汪洋一片，茫茫白水之中，从这屋到那屋，从家中到田里，从本村到外村，除了游水，也就只能乘船艇了。由于是开门见水，出路登船，操桡扒艇也就成了漳澎村民，特别是作为家中主力的男人们每天必做的功课。每天桡不离手，扒桡的本事再不出众就真是对不住老天爷了。

　　自立村以来，漳澎人的生产劳动，无非是耕种坦田和捕捉鱼虾。这两项劳动，又都要走水路，离不开船艇，更离不开手中的木桡。每一次出行，都是一次气、力与大自然的博弈。天天如此，日久天长，扒桡的男人在练就划水的臂力的同时，也练就漳澎人常说的"火气"及耐力。

况且，在坦田耕种无法使用任何畜力，从锄田到插秧，再到收割、运输，样样都只能靠人力完成。特别是锄田，偌大的一把木槲锄下去，锄开的淤泥足有几十斤重，没有足够的力量实难将它翻弄上来。日子有功，漳澎男人的手臂，无论粗细，都具备了过人的力量。

漳澎是个由各方移民组成的村落，有的来自番禺，有的来自增城，有的来自东莞其他地方，如隔水相望的麻涌、大步、新基。从这些地方来的大多都是熟习船艇、用惯桡橹之人，很多人在老家时或许已是出色的龙船扒仔，深谙桡架之道，来到漳澎后，从家乡带过来的对扒龙船的兴趣及桡架技艺更是代代相传。由于环境不同，风俗各异，各处的桡架必然存在各种差别，在存在不足的同时，又有着各自的长处。久而久之，在村民和谐共处之下，各方的桡架冶于一炉，经过去粗存精、推陈出新之后，便形成了独特的漳澎桡架。

漳澎长年孤悬在狮子洋中，为了生计，村民每天都与风浪、激流打交道，在这过程中，除了练就一身"牛力"之外，还练就了争强好胜的血性。这血性很自然就在人们每天都握在手中的木桡体现出来。俗话说"江山易改，本性难移"，这永不服输的血性也就一代传一代，深深地嵌入了人们的骨子里、灵魂中。

漳澎有财力自己打造龙船的时候，村里的人口已近四千之众，如此众多的人丁，为日后龙船出道储备了丰富的人力资源。遴选扒仔时，"百里挑一"实在是十分容易办到的一件事。这比起一些人丁单薄、扒龙船常常要雇请"外援"的小村来说，不可同日而语。

以上的一切，似乎都是上苍特意为漳澎准备的。难怪人们都说，漳澎天生是个扒龙船的地方，漳澎人天生就是扒龙船的好材料。

漳澎桡架

待上苍为漳澎准备好扒龙船的一切条件之后，日后威震东江标场的漳澎龙舟也就适时出世了。据村中老人回忆，漳澎村有自己的龙船，应是清光绪年间的事。

珠江三角洲一带的龙船，不知从何时开始，便基本衍生出两种式样，一种俗称"鸡公头"，另一种俗称"大头狗"。"鸡公头"龙船与"大头狗"龙船在分布上有一条天然的分界线，即浩瀚的狮子洋。狮子洋西边水域，也就是喝西江水或北江水的村庄，扒的多是"鸡公头"龙船；而狮子洋东边水域，喝东江水的村庄，扒的多是"大头狗"龙船。

漳澎是东江三角洲的宠儿，村民饮的是东江水，它打造的龙船，是纯正的"大头狗"：头大嘴大，龇牙飞须，有角有耳，集虾眼、鹿角、牛嘴、狗头、鲶须、狮鬃等动物特征于一身。

漳澎村大人多，且宗族观念不强，挑选扒仔可谓得天独厚，跳头（站在船头负责指挥全船）、打鼓、抓艄（船尾操艄，掌握方向）、头桡、龙正、桡手，无一不是好中挑好，优中选优。而且，漳澎成村时间晚，打造龙船的时间更迟，很多漳澎人在自己拥有龙船之前已观看过不少别处的龙船竞赛，更有不少人为外村所请，下龙船当过扒仔。这样，很多漳澎人在扒自己的龙船之前早已满肚"龙船经"了，以至在凉棚议论起龙船来头头是道。一旦这些人上了自己的龙船当扒仔，一切都是那么舒徐自如、水到渠成。

说漳澎村是天赐的扒龙舟圣地，这话一点都不假，但说漳澎人天生就是扒龙舟的好材料，这话在褒奖之余却未免不够圆满。事实上，漳澎的龙船之所以名闻天下，很大程度上是得益于漳澎人后天的勤奋。

漳澎人从有龙船之始，便将扒龙船当作一件大事去做。可以说，除了漳澎，世间上恐怕再也没有哪一个村庄的人会像他们那样，在研究扒龙船方面付出如此多的心思和努力。

漳澎人对扒龙船的研究，第一个着重点便是桡手的桡架。这个研究，又多在凉棚这个"百姓议事厅"里进行。

漳澎立村之初，虽然到这里定居的移民来自四面八方，但正如俗话所说，不是猛龙不过江，来这落脚谋生的人，应该大多都是谙熟水性、懂得摇船棹桨之辈。毕竟，有"欺山莫欺水"这句古训压在心头，面对前往漳澎途中的万顷波涛，那些不习水性的"旱鸭子"敢贸然前往？恐怕未见到漳澎的影子，就吓得打道回府了。要知道，此去不是游玩一番，去去就回，而是在那里落地生根，开枝散叶哩。

男人们闲时便坐在凉棚的水台上，看着涌里过往的船艇，扒艇者的桡架自然也就成为议论的话题。哪种桡架能让艇仔走得更快？哪种桡架能更省力、更持久？若举行扒艇仔比赛，一个后生与一个老婆佬谁扒得更快？平和的议说往往会演变成激烈的争论。争论之余，有人顺手操起木桡，坐在长椅上比画起来，有人干脆从水台走下小艇在水中操桡体会，甚至有两个人同时解下小艇，采用不同的桡架在众人的喝彩声中进行比试，看看哪种桡架更具优势。这样一比，优劣便比出来了。慢慢地，一种大家都公认的既扒得快又省力的"漳澎桡架"便被打造出来，在村民中流行起来，并在日后的实践中不断完善。随着漳澎也像其他村落那样打造了自己的龙船，并参与标场争斗，"漳澎桡架"便在龙船标场上大显神威。

传统的"漳澎桡架"，又称为"开肩桡"。开肩，顾名思义，就是打开肩膀的意思，说的是扒桡的时候，双肩最大限度向前伸展，然后让桡板入水，使桡板在水中获得最长的划水线路。这"开肩桡"确实有点独特，扒桡时腰挺得板直，身体绝不向前躬一分。两腿之中，近船舷那条伸直，紧贴船舷，脚跟死死蹬着前面那一道"龙骨"。另一条腿则自然弯曲，五只脚趾张开，像八爪鱼的爪一样，紧紧抓住船底，除双手扒动之外，整个人就像铁罗汉一般铸在龙船上。这时的桡手，已和龙船融为一体。这"开肩桡"与鼓手打出的"柙咚咚"一重两轻鼓点配合，重声响时，用尽全身力气下桡，第一下轻声时，让桡板自然往后拖去，待第二下轻声时，迅速把桡板抽出水面。这抽桡也大有讲究，要抽得干脆利落，不带半点水花。用桡板扬水花是中看不中用的花架子，是既浪费时间又浪费力气的坏手势，为漳澎桡手所摒弃。扒"开肩桡"的人力气全用在重声的鼓点上，桡板入水时几乎与水面垂直。与此同时，随着"咕"的一声，水面上随即卷起一个不大不小的漩涡，顺着船舷一直向后卷过去，待桡手扒过几桡之后，方才慢慢消失。

当然，人们在凉棚里对桡架的议论只是纯粹的探讨，"开肩桡"的最后成形，还得靠一代又一代的漳澎人在长期的实践中摸索和验证。

事实上，一代又一代的漳澎扒仔从未停止过对"桡架"的探索与改进。可以说，100多年来，"漳澎桡架"一直都在改进之中。在这过程中，便产生了许多痴迷"桡架"研究的人来。曾参加过1984年香港国际龙舟邀请赛的曾松科，就是其中一位奇人。

在漳澎，放养鸭群的人称"掌鸭佬"。20世纪80年代初，未满 20 岁的曾松科当上了掌鸭佬。每天，他都扒着一只小小的掌鸭艇，赶着鸭群在漳澎如筛似网的河涌里觅食。鸭舍设在一只水泥船上，这水泥船平时就停在村外的河涌里，半年左右才移动到别的地方。这就意味着，曾松科很多时候都在河涌里漂泊，就像当年最先在漳澎定居的那些疍民一样，过着浮家泛宅的生活。掌鸭佬的营生，每天都是人不离艇，手不离桡。可以说，除了那群鸭子之外，最亲近的便是手中的那把木桡了。每天退潮之时，曾松科把鸭群赶进大河小涌。一路上，鸭群欢快地追逐鱼虾和蟛蜞，他扒着小艇，在后面慢慢跟着。曾松科自幼便在凉棚里受过熏陶，漳澎桡架的招式要领，他早已默记于心。他时刻憧憬着，有朝一日，自己也能登上漳澎的龙船当扒仔。他没有让时光白白在身边流过，在跟在鸭群后面的时候，他便挥动木桡，一招一式琢磨起桡架来。一般说来，鸭群都是扫荡式向前挺进，偶尔也有一两只我行我素的"独行侠"离群而去。遇到这种情况，曾松科并没有像其他掌鸭佬那样，用削尖了的竹片挑起一块泥巴向离群鸭掷去，将它驱赶回来，而是飞快地挥动手中的木桡，扒出一轮漳澎扒仔在龙船比赛冲刺时使用的"密桡"，与那只离群鸭展开一番追逐，直到把离群鸭赶回鸭群为止。日复一日，年复一年，掌鸭生涯令曾松科的挠架功夫大为长进。

都说机会是留给有准备的人的，这话一点都不假。1984 年 3 月，为备战香港第九届国际龙舟邀请赛，东莞县举办全县龙舟选拔赛。漳澎龙舟队勇夺第一名，获得代表东莞县出战当年 6 月举行的香港国际龙舟邀请赛的资格。在东莞县有关部门的指导下，漳澎村对参赛选手进行了严格的遴选。参加全县选拔赛时，扒的是有 60 名扒仔的传统大龙，而香港国际龙舟邀请赛扒的是只有 22 名扒仔的国际标准龙，除去一鼓一艄，桡手只有 20 名。据统计资料，当时漳澎的总人口已达9000余人，若男性人口按折半算，再除去老人小孩，有资格参选扒仔的也有近2000人。这就意味着，要在全村近2000名男性村民中，选出20名扒仔来，名副其实的"百里挑一"。有幸的是，曾松科被选中了。这年他22岁，正是漳澎人说的"当打之年"。

那场惊心动魄的比赛以漳澎龙舟队赢了顺德龙舟队半个龙头位夺得冠军而结束，曾松科参与了选拔、训练、初赛、最后夺冠的全过程。这场赛事，给曾松科的人生留下了永生难忘的美好记忆。

1989年，曾松科移民加拿大多伦多，在那里开了一家中餐馆。至今一晃便过去了30多年。离开了漳澎，也就远离了龙船，但是，几十年来，家乡扒龙船的情景在他的脑海里一直挥之不去。也许是在香港国际龙舟邀请赛中与顺德龙舟队的那场争斗令他的印象太深刻了，在异国他乡的几十年里，这场比赛最后冲刺的激烈场景时不时会浮现在他的脑海，让他的心情无法平静。特别是有一个问题，他总是百思不得其解，那就是临时组队才两个月的漳澎龙舟队当时是靠什么赢了已训练了大半年、各方面条件都占优、有着丰富国际比赛经验、实际已呈专业状态的顺德龙舟队的？为了求得答案，他从队员的身高、体重、年龄、身体素质、训练时间、训练方式等方面，将漳澎龙舟队与顺德龙舟队做了比较，并一再观看那场比赛的录像。经过不知多少个不眠之夜的思考和模拟实操，再加上通过国际长途电话与故乡昔日的同船扒仔交流，他终于得出了一个结论：漳澎龙舟队在各方面都不占优的情况下最后战胜了顺德龙舟队，靠的只有一个法宝——桡架！也就是老祖宗传下来的"开肩桡"在比赛中发挥了制胜的作用！

这个发现令他激动不已，虽然身在异国他乡，远离了龙船，但在很多场合，只要跟华人聊起龙船，他都不忘亮出漳澎桡架，讲起来还滔滔不绝、头头是道。有位张姓华人听后，劝他将自己扒龙船的经验和漳澎桡架用白纸黑字记录下来，留给后人参考。曾松科听后，觉得张先生的话甚有道理，仅有小学文化水平的他，开始了有关"漳澎桡架"的写作。大概是豪心壮志的驱使，他不知天高地厚地将自己所写的称作"经文""论文"，而将漳澎桡架命名为"爱国桡架"。文字之外，还配以简单的图解。他以开餐馆为生，常常从一早忙到夜晚，写作时间很难保证。为了达成夙愿，只得见缝插针，很多时候会写到凌晨甚至天亮。多年下来，已有了近10万字的积累。遑论他这部"经文"或"论文"有多大价值，他这种对"桡架"毕生钻研的执着精神，听者无不感动。

其实，痴迷"桡架"研究的又何止曾松科一个人？就在曾松科着手撰写桡架"论文"的时候，另一个对"桡架"有深入研究的人闯进他的生活之中。更为奇妙的是，这个人居然是当年香港国际龙舟邀请赛时漳澎龙舟队的对手——顺德龙舟队的主教练吴珠成。曾松科与吴珠成相识，纯粹是由于工作关系。原来，吴珠成离开顺德龙舟队之后，也辗转到了多伦多开餐馆。既是同行，又是同乡，还同是被"龙船虫子"蛀过的人，聊着聊着便聊到了龙船上。一问，才知彼此是当年的对手。与曾松科一样，吴珠成对当年惜败漳澎龙舟队一事耿耿于怀。他向曾松科讨教当年漳澎龙舟队的取胜之道，曾松科便向这位同道中人和盘托出他总结出来的"爱国桡架"。

听了曾松科对"爱国桡架"的诠释，吴珠成半信半疑。为了让吴珠成信服，有一天，曾松科把吴珠成和一名员工请到地库一个空旷的场地上，他脱去上衣，手执一把国际通用的龙舟桨，挺身站立，然后让吴珠成两人站在他的侧面观看。他用划空桨的办法，由慢至快一招一式地将他的"爱国桡架"演示出来。他发力划出每分钟120桨的"密桡"时，同时发出呐喊，这呐喊声响亮自然，显示这时他的呼吸没有丝毫的障碍。曾松科飞快地划桨、回桨，站在侧面的吴珠成只见桨动，却根本看不清桨叶，送到最前点和划到最后点时也看不出有任何停顿，曾松科手中的龙舟桨就像风车一样转个不停。吴珠成看了一次不够，还要曾松科再来一次。演示结束后，有着多年教练经历并自有一套桡架理论的吴珠成不得不折服，他多年的疑惑也得到了解答。正是惺惺惜惺惺，好汉惜好汉，曾松科与吴珠成两人在场上是对手，但在场下却是难得的知音。

不过，说到底，曾松科和吴珠成顶多都只是"民间高手"而已，他们所谓的"桡架"理论也只是在实践中的一种总结罢了。这些"理论"，也许根本就为那些长年用现代科学手段从事划桨研究的专家们所不屑。至于哪种划法更科学，那就是仁者见仁，智者见智了。龙船标场的争斗，从来都是胜者为王，哪种"桡架"能赢，恐怕正如漳澎人说的："扒过才知。"

百炼成钢的漳澎扒仔

漳澎姓氏众多，宗族在村中不占主导地位，所以，自有龙船之日起，这龙船便不像外面很多村庄那样，以姓氏、宗祠的名义打造。在这里，龙船的名义，归于村民在村中的居住地域。历史上，漳澎曾有过三条龙船：白须公、二花仔、侧头仔。

三条龙船中但常用的只有两条，代表漳澎到标场争标的，就只能选一条出征。二选一成了漳澎每年遴选扒仔的惯例，即使到了今天，依然未变。无疑，在二选一之前，两条船的扒仔都是事先经过过五关斩六将挑选的，上得两条船上的扒仔，都应是村中的精英，二选一不过是好中挑好罢了。

漳澎遴选扒仔的方法很多，有环村扒艇比赛，有单人、双人、多人的水上拔河，有扒水泥艇单人对抗赛等。只有在这些选拔赛中脱颖而出的人，才会有机会坐得上那两条龙船，参加"二选一"的选拔。

"二选一"的过程，其实就是实战训练，演练各种技术、战术的过程。这种训练很多时候都在两条龙船之间的对决中进行，故此，漳澎的扒仔都管这叫作"校船"。每次"校船"时，都会安排两条龙船在村中的漳澎河作一次对决，目的是让坐在凉棚里的老扒仔点评，看看有哪些不合尺度的地方，总教练再根据对决过程中出现的情况不断在两船之间对人员做出调整，直至调整出一套满意的阵容来。漳澎境内的大河小涌、东江淡水河、狮子洋与淡水河的交汇处，都是漳澎龙船"二选一"的训练场。顺风、逆风、顺水、逆水、静水、活水、缓流、急流、晴天、雨天，他们都尝试过。有这么多环境不同的水体作训练场，漳澎的龙船可谓得天独厚。

几百年来，在"大头狗"龙船标场上，进行的都是耗费一两个时辰的长途比拼。这种长途赛，人们称为"扒长封"。由于赛程遥远，扒仔如何分配体力就显得十分重要。故此，在"校船"中，除了熟习桡架之外，还得研究出制敌制胜的战术来。在长期的比赛和训练中，漳澎扒仔总结出留前斗后、两头紧、中间松的战术。在漳澎的扒仔中，一直流行扒"生死桡"的说法。"生死桡"实际就是快桡和慢桡相结合，目的是让扒仔在比赛过程有机会"回气"。按现在的话说，也就是保持呼吸的顺畅。所谓快桡、慢桡，现代术语称为高桨频、低桨频。漳澎的龙船到外面参赛，一开始扒的都是快桡，待把对手甩开之后，便扒起慢桡来。快到终点冲线时，若没有对手在旁犹自可，若有对手在旁，便会再次祭出撒手锏"密桡"，风驰电掣般冲向终点。

除了在桨频上做文章之外，漳澎的扒仔在下桡的深浅上也大有讲究。因为桡板吃水深浅，直接关乎扒仔用力的大小，一下一下累计起来，便关乎全程的耐力了。什么时候下深桡，什么时候下浅桡，都要审时度势。

如今，"扒长封"已成为历史，龙舟赛一般的赛程多在500至800米，但漳澎龙船那种两头紧中间松、深桡浅桡结合使用的战术仍一直在使用。具体的做法是，出发时头五桡采用深划，木桡向前伸尽。为了增加前伸长度，身体微弯。此时桡速并不快。五桡过后，马上转换快桡，桨频瞬间变成每分钟120桡。待扒过30至40桡后，桨频渐渐降低，每分钟70至80桡。待扒到离终点150米左右，再次转换桨频为每分钟120桡甚至130桡的快桡。若中途与对手胶着，就用加力扒深桡的办法与对方纠缠，待对方筋疲力竭时，便突然改变桨频，迅速甩开对手。

漳澎有一句流传了100多年的老话："龙船鼓一响，老窦姓乜都唔知。"意思是说漳澎的男人只要一听见龙船鼓声，便会兴奋得忘乎所以，连老爸（"老窦"，粤语指老爸）姓什么也都忘了，可见龙船文化已深深嵌入漳澎人的骨子里、灵魂中。漳澎的男人，都把能当上龙船扒仔、代表漳澎在龙船标场夺标看作一件荣耀一生的事。

每年的端午节，是村民集体欢腾的日子，除了村里煮龙船饭招待各路来宾之外，凉棚也各自煮龙船饭。这顿龙船饭不论男女老少都可参与其中。这样"人人有份"的节日，一年中就只有这一个。与"鸡公头"龙船地区大摆筵席、大鱼大肉的龙船饭不一样，这里的龙船饭是已传承了 100 多年的"有味饭"。"有味饭"与广府人冬天煮的糯米饭有点相似，把煮好的腊肉粒、虾米、冬菇粒等配料与糯米饭、黏米饭混在一起蒸制即成。不过，龙船饭里还有一样特别加进去的配料是糯米饭没有的，那就是切成粒状的豆角。漳澎有习俗，端午节女儿回娘家拜节时，娘家要回赠一把豆角，取其"节节有籽（子）"的意头。

到了龙船季，一些当不上扒仔又想上船的人，还是有机会过一把"龙船瘾"的。不出赛或不训练的时候，正选的扒仔上岸休息，龙船停泊在岸边。每天下午 4 点左右，正是涨潮时分，在龙船上当过抓艄、鼓手、锣手的三个人登上龙船，鼓手、锣手同时把锣鼓敲响。锣鼓声轻柔缓慢，像是在召唤什么。听到锣鼓声响，在附近涌里正光着屁股浸"龙船水"的小孩，纷纷爬上龙船，操起桡扒起来，漳澎村特有的"小孩龙船专场"开始了。锣鼓有大人敲打，船尾有大人抓艄，孩子们只管扒，龙船沿着漳澎河缓慢前进，一路上不断有小孩加入。转眼间满龙船都是光着身子的小孩，锣鼓声依然慢条斯理。由于缺乏训练，这群"马骝仔"扒桡动作参差不齐，桡架也十分稚嫩，但是，满船都是欢乐与祥和。待龙船在村内走过几个来回，龙船再次靠到岸边。那些早在岸边等候上船过"龙船瘾"的大人便迫不及待地登上龙船，那些光着身的小孩知趣地离开。毕竟再不走，那些猴急的大人可是会踢他们的屁股的。

漳澎人对龙船的感情非同一般，能被选中当上扒仔的，当然三军用命，当不上扒仔的，也都与龙船心心相连。大凡漳澎村招景，漳澎龙船在漳澎村标场比赛，全村不管男女老少，都会到场为自家的健儿呐喊。若到别处参赛，有条件的村民相随到赛场助阵，哪怕是远至莞城、万江、石龙、增城的新塘，扒艇的扒艇，坐车的坐车，开机动船的开机动船……

漳澎有一个不知什么时候传下来的习俗：大凡漳澎龙船出外争标，无论是代表本村或是受邀代表别村作赛，村民都会在龙船归程时在入村涌口准备一串炮仗龙。若是得了第一名，龙船快到涌口之时便把炮仗龙燃响。龙船进村后，沿着漳澎河绕过一圈，途经村中的几座跨河大桥时，每座桥都燃放炮仗龙；若不是第一名，燃放炮仗龙及龙船绕村一圈也就省去了。相对应的，龙船上的扒仔也有一个不成文的习俗：凡是出赛拿不到第一，比赛后的那顿饭就不吃了，龙船回村后，扒仔们便各自回家。对"第一"如此看重，并不是一句"英雄气短"所能概括得了的。

有此浓烈氛围，实在是对得起村口那座扒龙舟雕像了。

战绩彪炳

漳澎村内流传着许许多多有关龙船"扒标"的故事，只择其中几个来讲，已足够回味。

在漳澎村老一辈扒仔中，流传着漳澎扒仔帮别村赢回一个沙洲的故事。故事发生的具体年代没有人能说得清，但大家都知道，那时每人头上都拖着一条长长的辫子。由于"漳澎人扒得"的名声四处传开，每到端午龙舟竞渡时节，都有外村的人邀请漳澎扒仔到龙船标场争标。有一年，有两个隔河相望的村庄，因为河中间一个自然形成的沙洲的归属产生纠纷，眼看两村的村民就要爆发械斗，可幸的是，两个村庄的族长都很克制，及时控制了事态。双方经过商议，决定举办一场龙船对抗赛，哪个村的龙船赢了比赛，江心洲就归属哪个村。两村中有一村人丁较为单薄，便到漳澎请"替枪"。那时的龙船比赛没有太多的规矩，为了本村的名誉，请"外援"是一件十分平常的事。大概是平日劳动强度大，当时的漳澎人普遍生得夭瘦，特别是一双手臂，显得又黑又细。当地村民见了都纷纷摇头，更嗤之以鼻："怎么请来这样一班'手臂仔'？"加上开赛前，这班漳澎扒仔三个一堆，五个一群，围在一起用随身带来的乐器，若无其事地玩起音乐来。很多人都认定是请错了人，靠这班又夭又瘦的"手臂仔"出赛，必输无疑。不过，那年月的比赛，扒的都是"长封"，一次比赛要用4个小时以上才能分出胜负。这种赛制非常适合别具耐力的漳澎扒仔。比赛虽然一波三折，但结果还是漳澎"手臂仔"大获全胜。

时间来到20世纪40年代，东莞为日寇所占，离漳澎不远处有一道滘村，村中土匪头子刘法如仗着有日寇撑腰，到处横行霸道。有一年，刘法如在道滘招标，特意邀请漳澎龙船参加。他想在这场有12个村参加的大标中击败漳澎，显显自己的威风，但他也深知漳澎龙船的厉害，道滘龙船光靠自身实力是无法战胜漳澎龙船的。于是，他想出了一个"驳龙"的阴招，即先准备两条装饰得一模一样的龙船，一条龙船与其他龙船一起从起点出发，另一条藏在途中隐蔽处，比赛过程中两条龙船瞒天过海。他以为这样便可以击败漳澎夺得锦标，谁知当日洪峰暴发，其他龙船经过金鳌洲塔下面的水道时，由于道滘扒仔气力不济，都需下水推船才可通过。唯独漳澎的龙船经过这里时，扒仔齐心合力便直接扒了过去。下水推船耗费了不少时间，当他们推船过了水道上船再扒的时候，漳澎的龙船已经远去了。道滘的龙船虽然成功接力，但也只能跟在漳澎龙船后面，眼睁睁看着漳澎龙船第一个到达终点，夺得了锦标。刘法如机关算尽，阴谋最终没有得逞。

1947年的端午节，广东省当局为了稳定民心，在广州市区珠江河道举办抗战胜利后的首次大型龙舟竞渡活动。在漳澎一位丁姓士绅的运作下，名声在外的漳澎龙船也在被邀请之列，"白须公"和"侧头仔"这两条"大狗头"龙船联袂出动。到珠江河道"趁景"（指龙船巡游，属表演性的活动）的大都是那些罗伞闪亮、旗幡艳丽的"鸡公头"龙船，除了龙头龙尾之外几乎没有任何装饰的"白须公"和"侧头仔"在璀璨夺目的"鸡公头"龙船堆里，可算是"另类"了。不过，当漳澎这两条"另类"的龙船操着整齐划一的桡架出现在广州标场的时候，便立即让珠江两岸的观众眼前一亮。这些长年深居闹市的市民，还是第一次见到如此整齐有力、落水有声的桡架，第一次见到龙船扒仔如此身板挺直、气宇轩昂。"白须公"和"侧头仔"在"鸡公头"龙船群中穿梭往回，所到之处，都博得掌声一片。

这次"趁景"，漳澎的龙船让广州市民见识了什么是漳澎桡架；离开广州时，他们也带回了广东省主席及两广盐运使署颁发的两面锦旗。

中华人民共和国成立以后，漳澎与全国各地一样，运动一个接着一个。翻开2016年出版的《东莞市麻涌龙舟志》，在《大事记》中，1949到1966年这18年间并无只言片语的记录。从中可知，包括漳澎在内，这一时期麻涌一带的扒龙船活动并不活跃。接踵而至的"文化大革命"，更让漳澎的扒龙船活动遭遇灭顶之灾。在这场长达十年的浩劫之中，漳澎的"白须公"、"二花仔"和"侧头仔"先后被肢解了。分解下来的木材，有的装了机动船，有的做了学校的书桌。

1978年，麻涌镇正式恢复端午节"龙船景"活动，但在麻涌镇的龙船标场上，仍未见漳澎龙船的影子。曾在东江水域称霸多年的漳澎猛龙仍然蛰伏着。事实上，"白须公"、"二花仔"和"侧头仔"被肢解以后，漳澎新的龙船还未打造出来。

　　1982 年，东莞县决定在万江镇恢复停办已久的全县龙舟锦标赛。消息传到漳澎，人们奔走相告。英雄气概冲上心头的扒仔们早已按捺不住，很多人都跑到村领导面前请缨，无奈此时漳澎村中已无龙船。英雄无马，如何驰骋疆场？有人提出，这场赛事是漳澎猛龙复出的大好机会，机不可失，漳澎扒仔人才济济，无船可去借。不久，有人打听到临近的川槎村有两条龙船埋在泥下一直没有起出，不妨去试一下，看能不能借用。村领导听闻，马上派人去川槎村商借。川槎村的人倒很爽快，但他们同时说："这两条船已有十多年没有起水，不知还能不能用。"两条龙船很快被起出，然后用机动船拖回漳澎。仔细一看，果然破得不行。幸好漳澎有的是修理船艇的能工巧匠，两条破龙船随即被推上村中的船厂进行修理，同时打造了一批新的龙船桡。在这期间，遴选扒仔的工作同步进行。听闻要到万江镇参赛，"饿赛"已久的扒仔个个摩拳擦掌、跃跃欲试。选人时，先由各坊选送，再集中进行比拼，择优选取。人多势众，两条龙船 120 名扒仔很快便选齐了。待扒仔选定，那两条打造一新的龙船下水试扒，也算得心应手。此时，离开赛日子已经很近。虽然久疏战阵，但众扒仔技艺在身，稍经训练点拨便唤醒藏在体内的技能。由于这场比赛没有限制各村参赛名额，漳澎顺水推舟，双龙出海，两条龙船一齐报名参赛。正是十年不鸣，一鸣便惊天动地，比赛刚一鸣号放头，几下功夫，漳澎的两条龙船便抢了头阵，再扒过一阵，便遥遥领先了，其余参赛的几十条龙船只能在后面紧追慢赶。最终的结果是漳澎两条龙船包揽了第一、第二名。此次比赛没有奖杯，却有一面锦旗，上书"群龙之首"，这"群龙之首"，漳澎确实当之无愧。赛后，有观赛群众评论，其他参赛龙船与漳澎龙船相差的距离真是"打炮都唔到"。

　　漳澎龙船自从这次重出江湖拿了个"群龙之首"之后，便一发不可收。漳澎当时划分成三个片，为了应对日后的比赛，村和各坊调拨财力，按每个片一条，陆续打造了三条新龙船。从此，在东江流域的各大标场上，又见到了漳澎猛龙矫健的身影了。

　　1984年，东莞县为了组队参加当年6月在香港举办的国际龙舟邀请赛，于3月中旬特别举行了一场选拔赛。作为"群龙之首"，漳澎龙船参加了选拔，并一举夺得第一名，获得了代表东莞县出战香港国际龙舟邀请赛的资格。在这次邀请赛中，漳澎龙舟队一举击败声名显赫的顺德龙舟队，夺得了冠军。这次比赛是漳澎龙舟乃至东莞龙舟走向世界的分水岭，三言两语难以说清，后文有专节描述。同年7月初，东莞县乘漳澎龙舟夺得冠军的东风，继续举行全县锦标赛。参加这场比赛的有29条龙船。此时，漳澎的龙船精英刚刚参加香港大赛归来，需要休整，故漳澎此战只派出二队参加。虽是二队，但终究也是漳澎扒仔，扒的仍然是漳澎桡架。一番激战之后，仍然是漳澎夺得冠军，可见"群龙之首"不是浪得虚名。

　　在翌年举行的"统一兄弟杯"龙舟赛上，漳澎再次双龙出海，创造了在同一项赛事上双双夺冠的佳绩。

　　漳澎的龙船获得双冠军的还不止以上的这一次，在1986年的东莞龙舟锦标赛上，漳澎的1号龙船和2号龙船又一次并列冠军。这一次的双冠军，来得更富传奇。

　　这次赛事扒的是"长封"，要围绕一个沙洲转三圈半。赛事主办方通知，"放头"时间在上午10时30分。为了避免拥挤，漳澎的1号龙船和2号船靠泊在离出发点有一段距离的河道上。两条龙船用作补充体力的白糖糕等物资都在1号船上，负责领队的跳头正准备派人将物资送到河对面的2号船去，忽然听到有人说："前边的龙船已经放头了！"跳头往出发处一望，果然见到不少龙船正在开动，有些已扒得很远了。他看了看手表，这时 10 时才过一点。情急之下，他赶忙把哨子放进嘴里，准备吹哨集合正在岸上休息的扒仔。岂料他光顾得吹哨，却忘了嘴里还塞着一块白糖糕，用力一吹，白糖糕顿时把哨子塞住了，怎样也吹不出声来。他赶忙把白糖糕吐出来，再把哨子里的白糖糕清理掉，用哨子指挥扒仔上船。有一名扒仔方便去了还未回来，跳头一摆手说："不等了！"跳头指挥龙船离岸之后，头也不跳了，赶忙跳进那名方便未回的扒仔留下的空位里，操桡扒了起来。这时他才发现，2 号船的人比他们"醒目"，已先他们一步出发了。1 号船扒到出发点时，只剩下主席台上的人，其他龙船早就出发了。按情况估计，他们的出发时间比别人迟了 20 多分钟！

原来这次参赛的龙船有几十条之多，出发点上鼓声震天，赛会组织又不甚严密，整个赛事显得有些凌乱。不知是记错了出发时间还是听错了信号，刚到上午 10 时，有一条龙船率先从出发点冲了出去。其他龙船见状，以为出发时间已到，也争先恐后冲出了出发点。发令员发现问题时，大部分参赛的龙船已经出发，想拦也拦不住。发令员无可奈何，只好顺水推舟，将错就错。这样，胸有成竹、过于淡定的两条漳澎龙舟便落在了后面。

但落后并不等于输，后来者居上是常有的事，何况是屡创奇迹的漳澎龙船呢。漳澎 2 号龙船比 1 号龙船早出发，当然是扒到前面去了。谁能想到，这回落到最后的竟是所向披靡的漳澎 1 号龙船？但 1 号龙船的扒仔并不感到沮丧，他们相信自己的实力，一场围绕沙洲扒三圈半的"长封"赛，追上去的时间还是有的。果然，在扒过一圈之后，1 号龙船追上了所有参赛的龙船。待第二圈扒完，后面的参赛龙船已见不到影子。进入第三圈，1 号龙船正扒着，忽然见到 2 号龙船正泊在前边的岸边一动不动。1 号龙船的跳头忙问发生什么事，只听 2 号龙船的跳头笑着回答："后面的龙船还未见踪影，扒了大半天，大家肚子都饿了，靠边休息一下再扒也未迟。"1 号龙船的跳头这才想起，给 2 号龙船扒仔补充体力的白糖糕还在 1 号龙船上，便连忙指挥 1 号龙船靠过去，把白糖糕送到 2 号龙船上。待 2 号龙船的扒仔吃过白糖糕，两条龙船便并排地划向终点。

说起漳澎龙船后来居上的往事，还有更精彩的。有一年，漳澎受麻二村所邀，以麻二村的名义参加高手林立的洪梅镇龙舟锦标赛。比赛是"长封"赛，要在赛道上扒三圈。由于参赛龙船多，赛会采取分批"放头"的办法。漳澎龙船运气不佳，经过抽签，被安排在第三批，也就是最后一批出发。轮到他们出发时，第一批出发的龙船已在他们前面 100 多米的地方了。刚出发便落后，唯一可以做的便是追赶。第一圈扒完，他们已追至第五；第二圈扒完，他们位列第三；进入最后一圈，他们已居第二，但离第一的和安村龙船尚存一段很长的距离。洪梅镇离漳澎不远，这天来为漳澎龙船助威的漳澎乡亲还真不少。一看如此架势，很多人都想一定是赶不上和安村龙船了，一直在挥舞的大旗渐渐停了下来。尽管在一旁观战的漳澎乡亲有点泄气，但坐在龙船上的漳澎扒仔却气势如虹，一板一眼地在后面追赶着。按惯例，他们要到临近终点 150 米左右才扒出快桡。但这次，他们改变了策略，在离终点还有 500 米时便祭出了快桡这副撒手锏。顿时，漳澎龙船像一支利箭，瞄准前边和安村龙船的背脊射去。眼见得后边的龙船越追越近，和安村龙船也想发力往前冲，但扒过一阵之后，船上的扒仔已经筋疲力尽，再也扒不动了。见此情况，和安村龙船的跳头只得让扒仔把桡慢下来，同时摆手让漳澎龙船过去。

如果说，以上这次追得对手自愿服输、拱手相让，是在激烈的比拼中，彰显漳澎龙船强大实力的话，那么，下面要说的这场比赛，就是比赛还未开始，漳澎龙船便已让对手签下城下之盟了。

1995 年，广西桂林地区举办龙舟锦标赛。正在桂林进行房地产开发的漳澎籍港商陈冠杰是这次锦标赛的赞助商，为了彰显家乡龙船的威力，陈冠杰征得大赛组委会的同意，特别邀请漳澎男女龙舟队来参加男子队竞速、女子队竞速和男女混合竞速三项比赛。由于参赛人数不多，漳澎队参赛的扒仔可谓精英中的精英。漳澎男女龙舟队坐包机到达桂林后，马上到漓江进行适应性训练。为了不辜负漳澎乡亲的期望，扒仔们在训练中一丝不苟。当他们操起正宗的漳澎桡架，在风景如画的漓江上出现的时候，两岸的游人纷纷驻足观看。当扒仔扒出桡频达到每分钟 120 桡的快桡时，观看的人不禁喝起彩来。当其时，不少参赛的龙舟队都在漓江训练，他们见到如此整齐有力、英姿飒爽的漳澎桡架时，惊叹之余不禁嘀咕起来："这不会是国家专业队吧？如果是国家专业队来了，我们这些业余队还能扒得过他们吗？"消息传到了大赛组委会，组委会的人连忙到现场观看，看后也不禁沉吟起来。慎重起见，他们连忙向国家体委询问。国家体委答复他们：到目前为止，从未组织过任何一支国家专业龙舟队。疑虑虽然打消，但当地的参赛队伍都表示，参赛队伍的水平不应相差太远，比赛才具竞争性，比赛过程才会精彩，若水平相差太大，未比赛就已分出胜负，那还有什么意思？组委会为了照顾当地参赛队的情绪，连忙与陈冠杰协商，最后决定漳澎队可参赛，但不算赛会成绩，若拿第一，则发给特别奖。比赛结果，漳澎男队、女队、男女混合队在各项赛事中全拿第一，而且都是远远抛离对手。漳澎龙舟队这次桂林之行让当地人大开眼界，见识了什么是漳澎龙舟。

不过，漳澎龙船虽然厉害，但也有不敢出战的时候。1990年，与漳澎隔着东江淡水河相望的东莞沙田镇举办东莞沙田镇精英龙舟赛。既是精英赛，摆明的是要会天下英雄，名声在外的漳澎当然也在邀请之列。沙田镇的中围、和安等村与漳澎一江之隔，每年漳澎的龙船训练时，1号龙船和2号龙船在淡水河上上落落。中围与和安两条龙船也将淡水河作为训练场，漳澎龙船的训练情况，中围与和安的扒仔看得一清二楚。对于他们，漳澎已无任何秘密可言。

接到邀请后，漳澎龙船的一众扒仔纷纷议论开来。他们觉得，沙田镇这次举办精英赛，很大程度上是冲着漳澎龙船来的。在过去与沙田镇的同场竞技中，沙田镇的龙船从未赢过漳澎龙船，有一次和安龙船还被漳澎龙船追得"举手投降"。漳澎龙船的所有动态既然都为对方掌握，显然这次是有备而来，说不定还会设下什么"陷阱"，让漳澎龙船的扒仔踩。若漳澎龙船过江参赛，赢了不打紧，若输了，就会坏了漳澎"群龙之首"的威名。领队几经考虑，接受了队员的意见，决定挂起免战牌，托辞不参赛。

漳澎不参赛的消息传到沙田镇，组织者立即紧张起来，没有漳澎参加，还叫什么"精英赛"？沙田镇的领导立即乘坐机动船到麻涌，找到麻涌镇政府的主要领导，一定要麻涌镇的领导说服漳澎派队参加。麻涌镇的领导拗不过，只好打电话给漳澎村的领导，半商量半命令地要漳澎龙船过江比赛，并说此次参赛镇里不给必胜的任务。既然是上级命令，漳澎村只得派队参赛。虽说镇里没有下达必胜的任务，但漳澎扒仔心中也基本达成了一个共识：要么不去，要去就必须得胜而回。

既要参赛，就必须认真对待。考虑到漳澎自己的龙船船身较重，不利于竞速，为了提高胜算，他们决定到外地借一条船身较轻的新船。几经打听，知道上板桥村最近装了一条新船，扒起来非常轻快，便通过东莞龙舟协会的老熟人帮忙商借。新船借到后，便马不停蹄进行遴选扒仔和校船训练等一系列赛前准备工作。

这次比赛扒的又是"长封"，要围绕一个小岛扒两圈半。沙田镇临近珠江口，赛道水面十分宽阔，比赛当天风大浪大，给比赛增加了不少难度。参加这次比赛的有来自东莞多个镇的40多条龙船。由于参赛龙船较多，组委会决定分三批放头。经过抽签，漳澎龙船分在第二批，也就是说，当漳澎龙船放头出发时，第一批放头的龙船已经在前面几十米的地方了。出发时，漳澎龙船上有一个扒仔由于坐得不稳，一不小心掉进河里，幸亏跳头手疾眼快，一手把他抓住，使劲把他拉上船，才不至于损兵折将。鉴于浪急风高这种前所未遇的状况，跳头果断决定：不打鼓，不敲锣，也不跳头，鼓手、锣手和跳头全都蹲下来，以减少风阻，跳头改用哨子指挥。这一招果然有效，在扒仔三军用命之下，第一圈过后，他们便赶上了第一批出发的所有龙船。待扒过第二圈，他们已稳坐第一的位置。最后，在他们扒过一阵快桡之后，以极大的领先优势夺取了这次精英赛的冠军。

漳澎龙船驰骋龙船标场100多年，精彩的故事还有许多，《东莞市麻涌龙舟志》在介绍漳澎龙船的情况时写道："如果要介绍漳澎村的龙舟队，非长篇大论不足以道其详，非洋洋洒洒不足以概其细……漳澎龙舟，镇内称霸，市内独占，国内强劲，国际威风。"

确实，自1982年重出江湖以来，漳澎龙舟队在国内外的龙舟赛场上，所夺得的奖项有70多个，而绝大部分都是第一名。

走向世界

1984 年的香港国际龙舟邀请赛是漳澎龙舟乃至东莞龙舟走向世界的分水岭。自这一年开始，漳澎龙舟正式亮相世界龙舟赛场，为中国争得不少荣誉。

香港国际龙舟邀请赛从 1976 年举行首届，以后每年举行一届，到 1984 年已是第九届。此前，广东顺德龙舟队连续三届参加这项赛事，且都获得冠军。为了增加大赛的观赏性，在第九届，组委会特别向东莞县发出了邀请。接到邀请后，东莞县委、县政府十分重视，特地在中堂水道举办了一次全县传统龙舟选拔赛。恢复活动不久的漳澎龙舟队一举夺得了选拔赛的冠军。考虑到漳澎龙舟队这次的成绩及漳澎村悠久的龙舟文化传统，县里决定把参赛任务交给漳澎村完成。

参加国际性赛事，与红须绿眼的外国人"扒过"，对于世世代代居住在水乡泽国、见识不多的漳澎扒仔来说，是一件既新鲜，又困难的事。况且，还要和顺德队比拼，从某种意义上来说，这可是"鸡公头"扒仔与"大头狗"扒仔的一场龙虎之争。其实，对于漳澎乃至东莞的所有龙舟扒仔来说，最大的问题不是与什么人竞技，而是这次比赛操驾的是只有 22 名扒仔的国际标准龙，赛程也只有区区的 640 米，这就意味着比赛全程靠的都是爆发力。这对于扒惯动辄用时两三个小时的"长封"，靠"夯力"和"好气"取胜的"大头狗"扒仔来说，是一种全新的考验。而具体到漳澎队与顺德队的对比，漳澎队的扒仔只在一个村子里挑选，而顺德队的扒仔则是在整个县里挑选，顺德队是训练有素、对国际标准龙早已驾轻就熟的既成之师，而漳澎队却是连国际标准龙是什么样子都未见过的临时组合。

　　大赛当前，第一件事当然是挑选扒仔。县有关部门对此十分重视，从县体委专门抽调两名有经验的工作人员到漳澎主持选拔工作。虽说选拔范围只是一个村庄，但漳澎人才济济，个个英雄了得，一听说要选拔扒仔到香港参赛，人人摩拳擦掌、跃跃欲试。国际标准龙以鼓手兼跳头，此外还有一个抓艄，这两个角色早有人选，剩下要做的是选拔 20 个桡手。村中十个坊都推荐了各自最强的扒仔参加选拔，选拔采用一对一的对抗方式，初选先在水闸外的河道进行。两次筛选之后，最后剩下 60 多位候选人。

　　最后选拔的擂台设在村中一个 200 多米长的水塘里，扒的不是人们平常扒的轻便的木艇，而是笨重费力的水泥艇，采用的也是对抗赛的形式，工作人员用秒表在终点测算时间。除了一对一的"单挑"之外，还有二对二、三对三，甚至四对四的对抗，目的是考察扒仔的团体协作能力。扒行时间是主要的参考指标，但还需考虑扒仔的身体、"桡架"、协调能力等多方面的状况。鉴于扒仔要分坐龙船两边，加上平日人们扒桡也都有坐左边或坐右边的习惯，挑选的扒仔也都分左手扒仔和右手扒仔。经过一番激烈的比拼，20 个扒仔终于选定。

　　扒仔选定后，便马上进行集中训练。此时已临近清明，香港国际龙舟邀请赛于端午节后一个星期举行。也就是说，训练时间实打实只有两个月了。以往"校船"，都是按自己例行的一套进行，这次训练多了县体委派来的工作人员，国家划艇队也派来教练作技术指导。土生土长的漳澎扒仔在备战中除了增加更加科学的专业知识外，还接触了不少专业训练手段。"桨频"一词，就是这个时候传入漳澎的。不过，"桨频"到了漳澎扒仔口中便立刻被本土化，变成"桡频"了。

　　训练先在漳澎附近的东江淡水河进行，这是漳澎扒仔每年"校船"的地方。这期间主要是操练"桡架"，让大家有一个统一的扒法。不过，这个时候的"桡架"已不纯粹是传统的漳澎"开肩桡"，而是注入不少新元素的改良版，也就是曾松科后来总结的"爱国桡架"。考虑到香港国际龙舟邀请赛在大海里举行，大海的风浪比内河的风浪要大得多，练为战，训练必须从实战出发。一段时间以后，他们把队伍转移到东江大缆口旁边的大盛村驻扎，将风浪比淡水河大得多的东江大缆口作为训练场。虽然与水面开阔的狮子洋相接，但东江大缆口毕竟还只是内河，要经受更大的风浪考验，还得再找地方。一个月后，漳澎龙舟队转移到了虎门附近的新湾镇，到风浪更大的伶仃洋开展训练。这时，东莞县有关部门通过关系从香港运来了一条符合香港国际龙舟邀请赛参赛标准的龙舟。直到这时，队员们才见到"国际标准龙"的庐山真面目。不用说，这次在伶仃洋的训练，强度也大大增加了。

比赛如期在香港尖东的海面进行。这是个大晴天，风浪也不算很大，适合比赛的好日子。上午进行的是公开赛，东莞队和顺德队都在预赛中脱颖而出。两队不同组，论成绩，东莞队要比顺德队好。决赛时正值退潮，海面上时有漩涡暗涌。经过抽签，顺德队被安排在水流平稳的内线，东莞队则被安排在漩涡涌动的外线。还未比赛，顺德队已占了先机。比赛结果，顺德队如愿拿了第一，东莞队屈居第二。

下午，重头戏国际邀请赛正式拉开帷幕。上午输给了顺德队，队员们并没有气馁，他们相信自己的实力，上午输了，下午一定要赢回来！开赛时，尖东海面的海潮已涨至高位，海流显得十分平稳，这对东莞队十分有利。预赛过后，顺德队和东莞队顺利进入决赛。同上午公开赛的预赛一样，东莞队的成绩好于顺德队。这给漳澎的扒仔增加了不少信心。

进入决赛的，除了顺德队和东莞队之外，还有马来西亚槟城队、泰国曼谷队、美国划艇协会队、新加坡队、英国业余划艇会队、香港西贡队。由于预赛成绩出色，顺德队与东莞队分别排在相邻的第四线和第五线。比赛刚一开始，美国划艇协会队抢了头阵。但很快，顺德队和东莞队追了上去，并一直领先。两队之中，顺德队领先东莞队小半个船身。

顺德队和东莞队一样，一开始都是采用桡频每分钟 120 桡以上的快桡，扒过 150 米，两队几乎同时改变了桡频。不过，顺德队用的是"梅花间竹"的办法，扒 5 桡慢桡之后，紧接着又扒回 10 桡快桡。这样做的目的，是利用扒慢桡的期间进行"回气"，以便扒好紧接着的 10 桡快桡，保持龙船的速度。东莞队使出"以柔制刚"的办法应对。150 米以后，他们一直扒每分钟 95 至 98 桡的较慢桡。这样做，除了不至用气过度，使呼吸节奏均匀之外，还让手中的桡尽量前伸，增加了木桡与水的接触时间和力度。这样一来，东莞队虽然过不了顺德队的头，但却一直紧紧咬在顺德队的身边，让顺德队如芒刺在背，感觉十分难受。到了最后的 150 米，两条龙船同时发起冲刺，不约而同都使出每分钟 120 桡以上的快桡，无奈这时顺德队队员的气与力几乎都到了极限，而东莞队后劲十足。一番比拼之后，东莞队超过了顺德队，以 2 分 27 秒的成绩夺得了香港国际龙舟邀请赛的冠军。

1984 年，电视机还未普及到漳澎村的每个家庭，但作为公共场所的每个凉棚都已配备了。香港国际龙舟邀请赛举行的这一天下午，漳澎村十多个凉棚里面都挤满了人，连那些平日不进凉棚的妇女，也都挤在人群当中。电视传来出发的枪声那一刻开始，凉棚里的人便同时发出了呐喊。这惊天动地的呐喊声一直到东莞队龙舟最终夺冠方才止息。这一天，整个漳澎村都沉浸在兴奋与荣耀之中。

　　如果说，1984 年 6 月，漳澎的扒仔坐着空调中巴车从罗湖口岸出境，到香港参加香港国际龙舟邀请赛还不算是走向世界的话，那么，1997 年 6 月，当他们坐飞机经加拿大温哥华，再转机到多伦多参加第九届多伦多国际龙舟赛，就是名副其实的"走向世界"了。

　　多伦多国际龙舟赛是由加拿大多伦多华商会主办、加拿大航空协办的一项国际性赛事，每年举办一届。自 1989 年举办首届以来，到 1997 年已是第九届。这一届大赛的参赛队伍达到 150 多支，其中，来自加拿大国外的队伍有 20 支，龙舟的故乡中国是首次接受邀请派队参加。

　　1997 年 3 月，国家体委把组队参赛的重任交给了广东省。广东省体委接到任务后，在顺德和东莞两支队伍之间摇摆，经过权衡，最后决定把这个光荣而又艰巨的任务交给 13 年前在香港国际龙舟邀请赛上从顺德手上抢过冠军奖座的东莞去完成。

　　接到广东省体委下发的有关文件后，东莞市委、市政府作了认真的研究，决定不再像 1984 年那次一样举行全县选拔赛，而是直接指定漳澎村组队参加。时任东莞市委副书记佟星大笔一挥，把国家体委和广东省体委组队参加多伦多国际龙舟赛的有关文件批转给漳澎村所在的麻涌镇。就这样，代表中国参加加拿大多伦多国际龙舟赛活动的重任便正式落到了漳澎村身上。如果说，两年前的 1995 年，漳澎龙舟队应邀到广西桂林参加"东洋杯"龙舟锦标赛时，被当地人认作国家专业队是一场美丽的误会的话，那么，这一次，他们打着"中国龙舟队"的旗号到加拿大参赛，算得上是名副其实了。当然，这支队伍也只能算是业余性质，还谈不上是专业队。

　　中国虽是龙舟的故乡，国内的龙舟赛事每年也都进行得热火朝天，但此前中国的龙舟队却从未走出过国门参赛，所谓"国际标准龙"也都是由老外发明和制造。漳澎村这次组队参赛，实属中国龙舟队第一次走出国门。能以一村之力担负起中国龙舟队第一次走出国门的重任，漳澎倍感光荣，但也深知任务艰巨。村里召开了一个又一个的会议进行研究。不知是凑巧还是上天有意安排，时任漳澎村党支部书记孔桉林，正是1984年参加香港国际龙舟邀请赛时漳澎龙舟的抓艄。孔桉林年近五十，已不可能再次下船抓艄，经研究，决定由他的副手、担任漳澎龙船跳头、驰骋龙船标场多年的陈暖滔挂帅出征。除了负责全队的日常管理之外，陈暖滔还是全队的教练。

陈暖滔接过帅印之后，像往常一样，第一件事便是遴选扒仔。这时离1984年香港国际龙舟邀请赛已过去13年，当年代表漳澎出征的22个扒仔年事已高。所幸的是，自1984年香港国际龙舟邀请赛后，一茬又一茬成长起来的漳澎扒仔对国际标准龙已不再陌生，他们已习惯了从传统龙到标准龙之间的转换。经过选拔，23人的队伍很快便组织起来：舵手、鼓手各1人，左、右手桨手各10人，另有后备桨手1人。

第一次出国比赛，经验和情报上都是一片空白，特别是当地的天气、环境、对手的基本情况及历年比赛成绩等，都不甚了解。一般队员可以不闻不问，但对于领队陈暖滔来说，只有掌握了这些情况，才能做到知己知彼。陈暖滔委托在多伦多的朋友帮忙收集这方面的资料。朋友不负所托，收集的资料非常详细，甚至连比赛场地的水深、水温也标出来。有了这些资料，陈暖滔的心更踏实了，特别是拿到了历年比赛第一、二、三名的成绩，令漳澎龙舟队在训练时有了明确的赶超目标。

为了集中精力，在东莞市有关部门的大力支持下，村里决定实行封闭训练。专虑到在多伦多是在湖中比赛，他们选定了东莞厚街的横江水库作为训练场地。

他们在横江水库一共待了45天。根据在多伦多收集的资料，龙船要在21秒内前行100米才能争冠，但开始训练时，他们要用24秒才能达到100米，远远未能达到要求。陈暖滔发动大家找原因。经过分析，大家一致认为，"气"方面没有问题，影响成绩的主要是"力"。针对这个问题，队员着重加强器械训练，以增加臂力和腿力。果然，在出征前一个星期，终于达到了预期目标。

出征前，东莞市副市长张顺彩到驻地为龙舟队送行。由于当年7月要举行香港回归典礼，深圳口岸于6月揭前进行特别管理，龙舟队只好改道从北京出发。岂料出发那天北京天气不佳，飞机晚点了8个小时。飞机到达温哥华时，预先订下飞往多伦多的飞机早已飞走了，机票只得改签。几经努力，一团33人分乘三个航班，分批到达多伦多。到达多伦多时是上午，下午要到赛场作适应性训练，午饭后便要抓紧时间休息。但由于时差、在机上熬夜等原因，再加上是第一次出国，队员们都十分兴奋，无法入睡。为了下午有充足的精力训练，陈暖滔只得一个一个督促，强制队员休息。但无论如何强制也无济于事，大家都是睁着眼睛看着天花板。

下午训练开始后，队员疲态毕现，100米足足扒了27秒，离21秒的指标真是"打炮都唔到"。明天就要冲锋陷阵了，如此状态，怎能夺标? 陈暖滔只得把训练停了下来，对大家进行动员，号召大家拼尽全力为国争光，不要给父老乡亲丢脸。动员之后，陈暖滔亲自上船充当鼓手，现场指挥。也许是陈暖滔的一番动员驱散了队员们的疲乏，经过反复练习，终于达到了21秒扒100米的常态。

翌日，大赛在安大略湖隆重举行。上午举行的是"加航杯"的争夺。漳澎龙舟队以中国东莞龙舟队的名义出现在赛场上，这是中国龙舟队在中国领土以外的国际龙舟赛场上第一次公开亮相。从预赛、复赛再到决赛，中国东莞队场场取得第一，以一飞冲天的气势夺得了"加航杯"。夺标后，队员们兴奋地挥动着五星红旗，驾着龙舟沿湖边游弋，向观众致意，张扬国威。

国际公开赛安排在下午举行。旗开得胜，队员们兴奋不已，大家都摩拳擦掌，要再接再厉，把公开赛的冠军也夺到手。"加航杯"于上午 10 时结束，赛场离驻地较远，中午回驻地休息已来不及。情急之下，代表团想出了一个办法：到附近公园的管理处要了几十个环卫工人用来放置在公园垃圾桶内的黑色塑料袋，给每个队员发一个，让他们铺在湖边公园草地上躺下休息。这种休息法，对农民出身的漳澎扒仔来说，可以说是习以为常。在生产队参加集体生产劳动时，很多农民中午就是这样铺上一块香蕉叶，躺在地上休息的。不过，他们并不知道，此刻，他们上午赢过的对手，正在体能师的指导下，采用按摩、喝饮料等方式进行体能恢复；他们更不明白，他们与对手之间在体能恢复方面的差别会最终体现在成绩上。

下午 3 时，国际公开赛准时鸣枪。与上午的"加航杯"一样，中国东莞队在预赛和复赛中都顺利夺得第一。全队上下十分兴奋，他们以为，最后的决赛，他们也会力挫群雄，在多伦多的安大略湖里，再当一次群龙之首。可是，令人遗憾的是，当他们冲过终点的时候，成绩排名竟只是第二位。他们的成绩比老对手美国划艇协会队慢了 0.4 秒。而这支美国划艇协会队 13 年前在香港国际龙舟邀请赛中，上、下午的比赛都落在了漳澎龙舟队的后面。

这是一场令不少参赛的漳澎扒仔遗憾一辈子的比赛，他们也明白，他们的技术并不输人，而是输在体力恢复的方法上。不过，在高手林立的国际赛场上，初出茅庐便取得一冠一亚的成绩，这班长年满脚泥泞的漳澎扒仔也算是不负重托了。

漳澎人有一句常常挂在嘴边的话，叫"好水冇三朝"，的确，代表中国到国外比赛，用自己的技能为国争光的机会不是常常有的。自从这次多伦多国际龙舟赛之后，漳澎扒仔再次走出国门参赛，已是20年后的2017年了。此时，漳澎的扒仔，已经换了好几茬。2017年，瑞士第26届艾格丽萨龙舟锦标赛，首次邀请中国队参加。这项重任又一次落到东莞市身上，东莞市把任务交给了麻涌镇。麻涌镇不敢怠慢，立即组建了男子以漳澎扒仔为主。女子以中山大学新华学院的女大学生为主的麻涌龙舟队出征。麻涌龙舟队旗开得胜，夺冠而回，从此开启了麻涌龙舟队在瑞士的连年夺冠之旅。

2019年，麻涌龙舟队继续在瑞士征战第28届艾格丽萨龙舟锦标赛。为了备战这次大赛，麻涌镇有关部门在全镇范围举行队员选拔赛。选拔结果，除了5位漳澎村外的男选手入选之外，其余全是漳澎人。特别是女选手，全镇报名参选的有几十人之多，最后入选的竟然全是漳澎人。这次大赛，麻涌龙舟队夺得了精英混合组400米、精英混合组100米、国家对抗赛400米三项比赛的冠军。在精英混合组400米赛中，他们以1分20秒87的优异成绩，刷新了该项赛事的纪录，让欧洲人见识了中国龙舟文化的博大精深和源远流长。事后，中国驻苏黎世总领馆给广东省人民政府和东莞市人民政府发来感谢信。

漳澎龙船扒仔走出国门，在国际龙舟赛场上纵横驰骋、屡占鳌头，与其他体育健儿在国际赛场上夺冠一样，其意义已远远超越了夺标本身。在这些光荣和功勋里面，不知凝聚了一代又一代漳澎龙船扒仔多少的心血和智慧。

巾帼不让须眉

以上述说的漳澎龙船扒仔的威水史，似乎说的都是漳澎的男性。事实上，漳澎自有龙船之日起，龙船便是男人们的领地，长久以来，女人们只有在岸上观看、呐喊的份儿，连踏上龙船半步也不允许。漳澎女性登上龙船献技，也只是近20年，中国引进"国际标准龙"以后的事。不过，与漳澎的男性扒仔一样，一旦她们出现在龙船标场上，便成了雄霸一方、扬威国内外的标场霸主了。漳澎龙舟女选手的战绩，与男选手相比，一点也不逊色。

漳澎女子龙舟队成立于1994年。成立伊始，扒的就不是传统的"大头狗"龙船，而是国际标准龙。对队员的遴选，无非也是遴选男队员时采用的"三板斧"。不过，还有一个条件是男队员不需要考察的，那就是每个人的体重，一般不超过120斤。选拔的结果，入选的全是大妈级的农家妇女。

漳澎女子龙舟队成立后，村里向她们派出了有丰富经验的教练。不过，这时麻涌乃至东莞的龙船标场上还未开启女子龙舟比赛，漳澎女子龙舟队出现在标场上，只是游游河和作表演而已。看着漳澎男子龙舟队过关斩将，勇夺锦标，她们却无用武之地，真是别有一番滋味在心头。

1995年，漳澎籍港商陈冠杰邀请漳澎男女龙舟队到桂林参加广西桂林地区第六届"东洋杯"龙舟锦标赛，给了女子龙舟队初露头角的机会。这次比赛，她们技压群芳，获得了女子队特别奖；此外，还和男队员一起获得了男女混合队特别奖。1997年，东莞市麻涌镇第三届"企业杯"龙舟赛首设女子组比赛。在这场东莞龙舟赛场的处女战中，她们轻松地将冠军奖杯收入囊中，从此确立了漳澎女子龙舟队在东莞女子龙舟赛场的霸主地位。在以后的征战中，她们连获佳绩，夺得了一次又一次的第一名。

漳澎女子龙舟队不但享誉东莞，在广东省内也有不小名气。有一年，中山市闻得漳澎女子龙舟队的威名，特邀她们代表中山市参加某项大赛。参赛的还有南海九江、顺德乐从等专业、半专业队，这两支队伍在"鸡公头"龙船标场可谓声名显赫，每年的这项比赛，她们不是第一就是第二。漳澎女子龙舟队接到邀请后，决心做一次"过江龙"，携着漳澎桡架去会会她们。由于队员们都是家庭妇女，平日家务繁重，难以抽出更多时间到外边集中训练，故此，训练只能在漳澎觅地进行。中山市方面不放心，特地派了领队到漳澎督训。有一天，一名队员开玩笑地问中山市来的领队："假如我们扒了第一，你们有什么表示呀？"领队笑着答："同场竞技的有南海九江和顺德乐从两支队，你们拿不了第一。"队员也笑着追问："假如我们真的拿了第一呢？"领队笑着摇头，不再作答。队员继续追问。被问急了，领队正色说："老实说吧，你们能拿到第四，我已经十分满足了。"队员一听，不再追问了，只是一头扑入训练当中。

比赛那天，扒的是逆水。对此，漳澎女子龙舟队在平日训练时已有充分准备。这一次，天遂人意，出发时，他们抽签抽到了一条水流相对平缓的水线。漳澎女子龙舟队来自遥远的"大头狗"龙船区域，无论是顺德乐从队还是南海九江队，对这支队伍都不熟悉。她们都把注意力放在老对手上面，而对由漳澎大妈组成的"中山队"视而不见。比赛开始，漳澎大妈按照漳澎桡架传统，扒过五桡深桡之后，突然祭出快桡，一轮冲锋，把其他龙舟远远抛在身后。从未见过如此阵势的顺德乐从队与南海九江队立即阵脚大乱，拼尽全力往前追赶。这时，漳澎大妈已收起快桡，用中速的深桡与对手周旋。待离终点100米左右，后边的龙舟也差不多追上来了，鼓手突然敲起密鼓，桡手立即扒出风驰电掣的快桡，"中山队"龙舟如旋风一般冲到终点。

2018 年，漳澎女子龙舟队到瑞士参加第 27 届艾格丽萨龙舟赛，在国家对抗赛男女混合 400 米比赛中取得第一名，首次扬名国际赛场。2019 年，漳澎女子龙舟队再次与漳澎男子龙舟队联袂出征，在第 28 届艾格丽萨龙舟赛中，勇夺国家对抗赛男女混合 400 米第一名、精英混合组 400 米第一名、精英混合组 100 米第一名，卫冕国家对抗赛之余，实现了第 28 届艾格丽萨龙舟赛的大满贯。

漳澎龙船人物

对事物过于着迷，便容易上瘾。喝酒有"酒瘾"，抽烟有"烟瘾"，看戏有"戏瘾"，而在漳澎，很多人都有"龙船瘾"。这"龙船瘾"中，有人着迷于"睇"，凡是漳澎举办龙船景或漳澎龙船出征，他都会追着去看；有人着迷于"扒"，做梦都想当上"扒仔"。大凡有"龙船瘾"的人，只要一听见龙船鼓响，手中的活计都可以丢下不管，甚至"老窦姓乜都唔记得"。

漳澎龙船威震海内外，漳澎的扒仔也有许许多多说不完的故事，不妨在其中找出几名风云人物来说说。

已经去世多年的张润泽，是漳澎村民至今记忆犹新的一位"老龙骨"。他出身贫苦，年纪轻轻便开始扛着木梆到坦田锄田，在谋生的同时练就了一副好身体。他自幼便有"龙船瘾"，为了练桡架和臂力，他按照自己的想法特制了一把特别宽的桡，在出工和收工途中练习，久而久之练成了一手好桡架，扒起桡来"咕咕"有声。刘法如设下"驳龙计"，妄图一举击败漳澎龙船的那场比赛，张润泽作为主力扒仔参加了。那年他 21 岁，大腿上正生着一个毒疮，行动十分困难。很多人劝他不要参赛，但龙船鼓一响，他把什么都忘了，扛着桡就下了龙船。这是一场艰苦异常的比赛，除了要环绕赛道扒上七圈之外，还在金鳌洲塔下的水道遇到洪峰。别的龙船扒仔敌不过洪峰的急流，都要下船在岸边浅水处把龙船推过去，唯独漳澎扒仔艺高人胆大，人不离船，硬是一鼓作气扒了过去。就在与洪峰急流搏斗的当儿，由于屏气和用力过猛，张润泽大腿上的毒疮爆开了，脓血都流了出来。对此，他一无所知，只是一桡一桡地拼搏。夺标以后，龙船回到漳澎，他再也站不起来，后来还是同船的扒仔把他抬回家中。

中华人民共和国成立后的几十年中，张润泽一直担任漳澎村的领导。在这期间，他都是漳澎龙船的"跳头"。1984 年，漳澎龙舟队在香港国际龙舟邀请赛中夺得冠军时，在船头击鼓指挥的就是他。那时他已年过六旬，这场令漳澎人热血沸腾的赛事，应该是他几十年扒仔生涯的最高光时刻。

有一叫赵润秋的村民，"龙船瘾"特别大，可惜人生得奀瘦，力头也不足，几次参加扒仔选拔都未被选上，他心有不甘。为了能上龙船，有一次，漳澎龙船要外出争标，他预先蹲在漳澎口水闸的闸口上面，计划等漳澎龙船出村经过水闸时跳到水里，然后爬上龙船。大凡龙船出村，都是顺水出闸，扒仔的扒动加上水流的冲动，龙船行驶快速。当赵润秋跳到水里，正要接近龙船的时候，龙船已扒得老远了，留给他的只是一阵欢快的笑声。事后，大家觉得他钟情扒龙船的精神实在难得，他身体单薄虽是劣势，但体重轻却是优势，扒不了桡，但打得了鼓。于是，有人建议他学打龙船鼓。他听后觉得有道理，便潜心学起打龙船鼓来。皇天不负有心人，经过一段时间的苦练，他打出的鼓点清脆有力，节奏分明，别具一格。终于，他得到了大家的认可，上了漳澎的龙船当上一名出色的鼓手。

张金华是漳澎村中一名小有名气的木匠，修船造艇之余，也打造龙船桡。漳澎扒仔使用的龙船桡，大多出自他手。张金华是个非常有心思的人，对打造龙船桡颇有研究。村中举办龙船景时，他常常坐在岸边，细心观察扒仔扒桡，并根据观察到的情况，对龙船桡作改良。故此，他打造的龙船桡深得漳澎扒仔的喜爱。"工欲善其事，必先利其器"，漳澎扒仔对手中的桡一直十分讲究，若不称心，就得更换。1988 年，漳澎龙舟队到北京参加国际旅游年"屈原杯"龙舟大赛。到达北京后，有队员发现部分龙船桡并不是张金华造的，便鼓噪起来。领队只好连夜通知张金华赶造新桡，并亲自坐飞机赶回漳澎，把张金华新造的龙船桡带到北京。

与张金华同时期在漳澎船厂修理船艇的还有一名叫黄安的木匠，黄安有五个儿子。这五个儿子对他的木工手艺都有所传承，不过，在这里要说的不是他们的木工技艺，而是要说他们与龙船有关的事。

1984 年漳澎龙舟队在香港国际龙舟邀请赛夺冠后，漳澎的龙舟热一度升温，"国际标准龙"的概念开始进入漳澎人的脑中。越来越多的人觉得，将来举办的龙舟赛事，扒"国际标准龙"已是大势所趋。这时，整个东莞县还未有一条"国际标准龙"。没有"坐骑"，怎能征战？黄安的大儿子黄自兴看在眼里，记在心中，决心以一己之力，为漳澎造出符合比赛规范的"国际标准龙"来。拿到"国际标准龙"的有关参数后，凭着从父亲那里继承下来的造船技艺，他将一条淘汰不用的旧龙船拆开，利用旧木料造出了东莞第一条符合比赛规范的"国际标准龙"。接着，他依样画葫芦，做出了第二条。这两条土产"国际标准龙"成了漳澎龙舟队的训练用船，为日后漳澎龙舟队享誉国内外龙舟赛场立下了汗马功劳。

黄财兴在黄家兄弟中排行第四，他自幼"龙船瘾"极大，总想有一日能上龙船当扒仔，无奈长得又矮又瘦，不用比试，光看一眼就知道不是扒仔的料。当不了扒仔，令他无比懊恼，跟赵润秋一样，他想尽千方百计混上龙船，去过一把"龙船瘾"。不过，他不像赵润秋那样，冒险从水闸上硬往水里跳，而是在龙船离岸之际趁人不注意混到船上，龙船一旦离岸，就不好再回头，他便顺理成章坐在龙船上。他不是扒仔，到了标场终归还要上岸，比赛开始前，龙船要轻装，扒仔们总有一些衣服等私人物品要放到岸上，到比赛后再取回。这时，龙船领队便对黄财兴委以"重任"，叫他在岸上看管衣物。虽然下不了龙船，但能获此"重任"，黄财兴也感到十分高兴，毕竟自己也能为扒标出一份力。在漳澎龙船外出扒标时当"衣物保管员"，黄财兴远远不止一次。在他随龙船前往赛场的过程中，他不甘寂寞，有时坐在抓艄旁边，有时坐在打鼓旁边，细心观察他们的操作，一来二去，对打鼓和抓艄都颇有心得。几年以后，他终于成为漳澎龙船上出色的龙船鼓手和抓艄。后来的漳澎龙船鼓手，很多都是他的弟子，这其中也包括他的儿子黄志豪。

时间来到 2013 年初，麻涌镇要成立职业龙舟队，并在镇内各村出榜招人。黄财兴正在博罗县的园洲镇租地耕种香蕉，听闻麻涌镇招聘专业龙舟手，连忙从博罗赶回漳澎，拉上儿子黄志豪一起报名。这年，他 52 岁，黄志豪 24 岁。

考虑到自己与儿子的身材都较瘦小，力气也不够，当桡手可能性不大，为了扬长避短，从决心拉上儿子报名那一刻开始，他们就是冲着舵手和鼓手两个位置去的。经过一番考核、比拼，父子俩最后同时被选中，成了 24 名队员中的其中两名。父子俩同时踏上职业龙舟的道路，这对于 100 多年来以扒龙舟出名的漳澎村来说，可是一件破天荒的事。

麻涌职业龙舟队组建不久，便与广东光大企业集团有限公司联姻，更名为东莞麻涌光大龙舟队。经过一段时间的实践，经教练组研究，决定让黄财兴司职舵手，黄志豪则司职鼓手。

麻涌光大龙舟队 2013 年初成立，2015 年底解散，在国内外的龙舟赛场上征战了整整三年。三年中，所向披靡，获得了 50 多个冠军级的奖项，包括在意大利举行的第九届世界龙舟俱乐部锦标赛中获得的 200 米、500 米直道竞速冠军，在加拿大举行的第十二届世界龙舟锦标赛中获得的精英公开组 200 米冠军，在中国海南陵水举行的 2015 年中华龙舟大赛中获得的年度总成绩冠军等含金量极高的奖项。即使其他的奖项不算，单单就凭这几个奖项，这支龙舟队就堪称全国冠军和世界冠军队伍，黄财兴父子也就是全国冠军和世界冠军队员了。

黄财兴与黄志豪父子的职业龙舟生涯并没有因为麻涌光大龙舟队解散而结束，毕竟他们是有过三年职业龙舟队经历的世界冠军队员，在国内职业龙舟界有着很高的声誉。很快，国内不少职业龙舟俱乐部向他们伸出了橄榄枝。正所谓上阵父子兵，这几年，他们先后到过顺德勒流振天龙舟俱乐部、广西伏虎茶厂龙舟俱乐部、新会基达龙舟俱乐部等处当教练，直至 2021 年，他们仍在增城明达龙舟俱乐部的队列中。2016 年，他们还协助几个侄儿在漳澎办起了东威龙舟培训基地，免费培训漳澎的龙舟爱好者。几年来，除了为漳澎龙舟队输送人才之外，还有两位佼佼者分别被南海九江和顺德乐从的龙舟职业俱乐部选中。黄财兴已年届六十，但痴心不改，对龙舟事业不离不弃，在延续自己的职业龙舟生涯的同时，也为培养龙舟人才，传承、弘扬中华传统龙舟文化出力。此等"龙痴"，实在是漳澎的骄傲。

要说漳澎的龙舟人物，不能不说说陈暖滔。陈暖滔是自幼在漳澎听龙船鼓声长大的，1962 年初中毕业后回乡参加农业生产劳动，1964 年任漳澎大队团支部书记，1973 年任漳澎大队党支部委员，并长期在农业生产第一线担任生产队队长。

陈暖滔于 1982 年开始接管漳澎龙舟队的事务。那年，正是漳澎龙舟复出的时候。他虚心向村中前辈学习，刻苦钻研，不断总结经验，渐渐学有所成，并将钻研得来的技术用于村中龙舟队的训练当中。1982 年，他率领漳澎村两条龙舟参加"文化大革命"后东莞县举办的首届龙舟锦标赛，以遥遥领先其他参赛队的战绩获冠、亚军。1984 年，漳澎龙舟队代表东莞县参加香港国际龙舟邀请赛，力压顺德队夺得第一，陈暖滔作为漳澎队教练，为夺冠立下汗马功劳。1985 年，在陈暖滔的组织和带领下，漳澎龙舟队一年内在不同的赛场上一口气夺得六个冠军。1986 年，陈暖滔再率领漳澎两条龙舟角逐东莞龙舟锦标赛。在比其他参赛队晚出发，且有一名桡手未能及时上船参赛的情况下，他坐到空缺的位置上，一边扒桡一边吹哨子指挥龙舟投入比赛，经过艰苦拼搏，漳澎两条龙舟齐头并进，同获冠军。1997 年，漳澎龙舟队代表中国参加第九届多伦多国际龙舟赛。陈暖滔挂帅出征，在他的指挥下，漳澎龙舟队一举夺得加航杯冠军及加拿大国际公开赛亚军。

陈暖滔带领漳澎龙舟队征战国内外赛场凡二十余年，获得奖杯无数。他与漳澎的龙船扒仔们一起，在实践中不断探索、总结经验，形成了具有独特风格的漳澎桡架。他当漳澎龙舟队的教练和跳头，不仅头脑灵活、足智多谋，而且能让全船扒仔团结一致、充分发挥技术特点。他带领漳澎龙舟队创造的辉煌成绩，已载入东莞龙舟的史册之中。

除了在漳澎本村担任龙舟队教练和跳头外，陈暖滔还时常受邀到外村担任教练，并取得不俗的成绩。陈暖滔献身龙舟事业的事迹，被收进《东莞市麻涌龙舟志》中。

别样的龙舟文化

在漳澎，除了那些依靠智慧和力量在龙船标场上创造出惊人奇迹的龙船扒仔之外，还有一些受到漳澎水土浸润滋养的人，为漳澎悠久、丰富而精彩的龙舟传统所感奋，在龙舟赛场之外，与龙船扒仔相呼应，凭着他们的聪明才智，打造了一批与漳澎龙船息息相关的作品来。正是这些作品，与漳澎龙舟扒仔辉煌的战绩一起，组成了独特的、脍炙人口的漳澎龙舟文化。

1968 年 11 月，20 岁的广州知青阿龙来到漳澎插队，一待就是 8 年。阿龙在漳澎务农期间，漳澎的龙船早已偃旗息鼓，但有一个有关龙船的场景令他经久难忘。1974 年的一天，他到生产队货仓后面的涌边埗头清洗谷箩。洗着洗着，他忽然发现漳澎涌的两岸站着不少人，这些人神情凝重、默不作声地往涌里张望，像是要送别什么人似的。不久，一条长长的龙船从远处缓缓驶过来。阿龙认得，扒动龙船的是村中船厂的木工。岸上有人问："扒到哪里去？"龙船上的答："扒到船厂，说是'四旧'物品，要拆掉。"人们不再作声，只是目送龙船缓缓地远去。在他们的目光中，阿龙分明读出了依恋和悲戚。原来，岸上的人是要为即将被拆解的龙船送行，漳澎人对龙船情深如此，令阿龙久久不能释怀。1984 年 6 月，就在漳澎龙舟队在香港国际龙舟邀请赛夺魁的那一天，阿龙恰好回到漳澎，在公共凉棚的电视机前目睹了漳澎龙舟队夺标那一刻，也目睹了龙舟队夺冠后村民点燃爆竹庆祝的热烈场景。

在欢庆的人群中，阿龙回想起十年前目睹村民送别龙船的那一幕，他终于明白，漳澎龙舟队此次夺标的意义，已远远超出了比赛本身，源远流长的龙舟文化，早已深深嵌入这个"龙舟之乡"村民的骨子里面、灵魂之中。受此激励，在漳澎插队期间听到的一个个有关漳澎龙船扒仔的故事，顿时在他的脑海里翻腾起来，令他夜不成寐。那些昔日的情景和故事在他的记忆中慢慢发酵，变成了他笔下的文字，于是便有了那部以漳澎的龙船和扒仔的故事为素材、以漳澎水乡为生活背景的中篇小说《水龙吟》。

《水龙吟》（上篇）在广东省作家协会主办的刊物《作品》发表时，引起了广泛关注，文学评论家张奥列评价道：

> 读《水龙吟》，你会被一场紧张激烈、悲壮凛然的龙舟大赛吸引，作者着力构筑冲突的情势去演进故事，从两村乡民为江中一块泥滩而争斗始，到为争夺生存空间而献身终，环环相扣，一波三折，写出一种力量的较量、意志的较量，一种民族文化和民族精神的弘扬。

1995年，中共广东省委宣传部文艺处看中了这部富有岭南水乡特色的小说，组织珠江经济广播电台、广东话剧团、广州军区战士话剧团等方面精干力量，将它打造成长篇连续广播剧，送北京参加中宣部"五个一工程"奖评比。广播剧由珠江经济广播电台录制，省内著名话剧演员姚锡娟、简肇强、柏崇新等参加演播。为了获取逼真的现场感，珠江经济广播电台特地将录音设备用大巴运到漳澎。当时并不是龙舟季节，配合录制，漳澎村特地安排两条龙船下水，再调集100多名扒仔上船真刀真枪操演一番。剧中的人物和情节虽是虚构，但水流声，龙船鼓声，扒仔的扒桡声、呐喊声，都来自漳澎。无意中，漳澎龙船成了文艺作品的"模特"，漳澎的扒仔也做了一回戏剧作品的"群众演员"。

漳澎龙船这座蕴藏丰厚的矿山，除了作家在这里开采、冶炼之外，画家也挥染丹青，将它细细描入画中。笔名老牛、在漳澎土生土长的农民画家林苏基，就以漳澎龙船的威水史为素材，创作了40多幅描绘漳澎龙船的国画组画。林苏基小学毕业后在家乡务农40余年，青壮年时，也曾登舟挥桡，在龙船标场上驰骋。2002年，55岁的他开始自学绘画。握上画笔后，家乡的人物风情成了他取之不尽的创作素材。2018年，他受家乡龙舟文化感奋，萌发用手中的画笔描绘家乡龙船威水史的念头，自是一气呵成，画就了有40多个单元、令人眼前一亮的龙舟系列组画。

阿龙写了小说《水龙吟》之后，余兴未尽，为林苏基这别具一格的龙舟系列组画配上了文字。配文采用粤曲系列中的"龙舟"体裁，可读可唱。在一幅《香港国际龙舟邀请赛称王》的画上，配文写道：

> 过江龙，闹香江，国际大赛逞豪强。力压群雄夺金榜，
> 为国争得闪闪光。快桡翻飞漳澎汉，惊煞红须绿眼郎。

为漳澎飞龙"立传"的，除了阿龙的小说和林苏基的国画之外，还有更具象的，便是漳澎飞龙的微缩模型。制作这个模型的，是黄财兴的弟弟黄耀兴。黄耀兴在黄家兄弟中排行第五，与几个哥哥一样，自小对龙船有着深厚的感情。由于幼年时不幸患上小儿麻痹症，行走起来不大方便，别说上龙船当扒仔、跳头、鼓手、桡手、抓艄都与他无缘。他另辟蹊径，利用父亲传承下来的木工手艺，制造模型龙船。黄耀兴的模型龙船以漳澎的传统龙船白须

公、二花仔、侧头仔为参照，虽是按比例缩小，但每一个细节都一丝不苟，力求真实，使人一见便会想起往日的老龙船来。他造出来的模型龙船惟妙惟肖，深得漳澎村民及外村龙舟爱好者的喜爱。几年来，已有几百条模型龙船从他那间农家小屋走出，进入龙舟爱好者的厅堂之中。除制造模型龙船之外，黄耀兴还苦心钻研，掌握了雕造龙头龙尾的技艺。他雕造的龙头龙尾，栩栩如生、颇有古风。

在漳澎，还有一名龙舟奇人陈冠杰。陈冠杰祖籍漳澎，青少年时期在漳澎生活了好几年，耳濡目染，对扒龙船的挚爱之情早已铸入他的灵魂之中。

后来，他辗转到了香港，一番打拼之后，成了知名的企业家。1984 年，漳澎龙舟队代表东莞县参加香港国际龙舟邀请赛，并一举夺得冠军。身在香港观赛的陈冠杰欣喜若狂，兴奋之余，给漳澎龙舟队的每一位成员赠送了一台大尺寸的彩色电视机。在广西桂林开发房地产的那些日子里，他曾在风光秀丽的漓江上，出资举办过几次龙舟邀请赛，并邀请漳澎龙舟队到桂林参赛，让更多的人一睹漳澎龙舟的风采。

时间一长，光是看，已经满足不了陈冠杰心中的"龙船瘾"，他要登上龙船一显身手。当然，他登上龙船，并不是要操桡当扒仔。毕竟年龄和体力已不允许他这样做。他要站在龙船头，当一名指挥全船的舵手。他出资以上魁陈氏的名义，打造过两条龙船。每年的农历五月初九漳澎龙船景，他会停止一切商务活动，专程赶回漳澎，骑在龙船头上，在漳澎河里畅游一番，与漳澎的父老乡亲们同乐。

渐渐地，陈冠杰有了打造一条超大龙船的想法。他一口气买下了五条别的村淘汰的旧龙舟，并到东莞斗朗请来造船师傅，将旧龙船拆开，拼装成一条长近 65 米、宽 4 米有余、可搭载 200 多名龙舟手的巨型龙船。出于安全和远航的需要，龙船上还安装了两台汽油机。在龙船的中部，还别出心裁地设置了一个高 3 米、可在上面载歌载舞的平台。龙船下水之时，引来几千人围睹。

　　每年的农历五月初九，这条巨龙都会装扮一新，在漳澎河来回游动，成为漳澎龙船景中一道亮丽的风景线。有人将这条巨型龙船称作"中华第一龙"，也有人把它称作"冠杰飞龙"。玩龙船玩出这个"花样"来，陈冠杰真可谓是奇人一个了。

和衷共济

2017年重建的漳澎天后宫

八月十五添灯油

万人大村与百家姓氏

毋庸讳言，漳澎的先民是由来自四面八方的移民组成的，至迟在中华人民共和国成立以前，每年都有数量不等的来自周边各地的移民怀着各自的理想，登上这块四面环水的土地。由于都是外来移民，村民之间只有先来后到之分，而无"地主""客家"之别，加上村中并无哪一个姓氏独大，在宗族势力不显强势的情况下，对外来者基本是来者不拒。可以说，漳澎从来就是一个"不设防"的村庄。不过，漳澎这片土地无论有多广阔，有多壮美，它也是慢慢发育成长的，对移民的承接能力也是随着土地面积的慢慢扩大而逐渐增强。到这片水乡泽国落脚谋生的人，更多的是从周边的不同村落里，在不同的时段零零星星地到达，而非在同一时间成群结队、蜂拥而至。移民来到漳澎定居的时候，更多的是携家带口，这就为日后村中人口的繁衍准备了必要的条件。由于人们来自不同方向、不同村庄，日积月累之下，随着外来移民日渐增多，住民中姓氏的数量，也以惊人的速度叠加起来。

村中姓氏众多，加上对外交通不便，直接造成村中的男婚女嫁完全可以在村内进行。这就是说，村中的女子不用出村，便可找到婚嫁的对象。此外，村中的男子在村中找不到合适的老婆，大可以从村外娶回来。这样一来，人口"只进不出"，再加上村民生儿育女，人口自然增长，村中人口的增长速度比起其他村自然要快得多。

1949 年的统计，在漳澎村落籍的有 1338 户、4273 人。一个村庄汇聚了 4000 多人口，在当时的东莞找不出第二个来。1952 年，漳澎进行土地改革，为了合理分配土地，土改工作队曾对全村人口做过统计。由于年代久远，这次统计没有留下任何书面资料，但据一名当时在村中当民兵的村民回忆，工作队员曾告诉他，全村参加土地分配的总人口为 5001 人。这里面的"1"，也就是最后纳入统计数字的那一个，是一名单身妇女，而那时作为一家之主的男人的姓氏，共有 70 多个。5001 这个数字及"1"是一名单身妇女这个情况比较特别，令他印象深刻，所以他一直记到现在。

中华人民共和国成立后相当长的一个时期，由于户口政策的实施，漳澎男性村民的姓氏，一直处于只减不增的状态。改革开放后，村里执行"结婚后男子可将户口落到女家"的户口政策，这就使得漳澎男性村民的姓氏又开始增多起来。到了 2018 年，全村的户数已达 4227 户，总人口增至 14380 人，男性姓氏达到 105 个。2019 年，男性姓氏的总数更是达到 110 个之多。无论是总户数、总人口，还是男性姓氏，在全东莞 500 多个村庄中，漳澎都是排行第一，是名副其实的"百家姓"村。如此多的姓氏族群共同居住在一个单体村落里，这在中国恐怕是绝无仅有。

撞头都是亲戚

表面看来，一个村庄有多少个姓氏，这只是一个简单的数字问题，但是，在涉及血缘、婚姻、伦理、道德的社会学里，这却是一个大有探讨价值的有趣现象。如同将 100 多种金属与非金属元素同冶一炉会产生许许多多的化学反应一样，这 100 多个姓氏堆集在同一个村庄里生活，也会发生一系列连锁反应，产生出许多与别的村庄不一样的东西来。

首先产生异化的是村民的婚嫁。中国古代有"同姓不婚"的说法。具体到同一姓氏聚居的农村，便是村内男女不通婚。也就是说，村中男子所娶的媳妇都来自外村，而村中女子出嫁，夫家也在村外。但在漳澎，由于姓氏众多，男婚女嫁大可在村中众多不同的姓氏族群之间进行。也许是留恋家乡丰盛的白米和鱼虾，也许是悚于"一水隔天涯"这句俗语，怕嫁到外村会遭遇诸多不便，漳澎村中的女子极少嫁往外村，坊间更有"好女不出村"之说。自清代至民国，漳澎村民的居住区域一直分成东仁、南安、南盛三个坊。中华人民共和国成立后，取消前述三坊，细分成一坊、二坊、三坊等，共十坊。漳澎人的婚姻，大都在本坊或坊与坊之间进行。漳澎人平日聊天，问及儿女婚嫁状况，开口便是"你家女儿嫁到那一坊"或"你家的媳妇娶自那一坊"，而极少问及"嫁到那一村"或"娶自那一村"的。如此，村中热心当月老的人也就省下了不少脚步，只需在村内从这坊走到那坊两头传话便可以了。正是由于村内通婚已成惯例，男女之间并无山水路途之隔，见面容易，这也就催生了"扒白板"这一种漳澎特有的找对象方式。白居易写过一首名为《朱陈村》的诗，云："徐州古丰县，有村曰朱陈……一村唯两姓，世世为婚姻。"男婚女嫁自给自足，在这方面，漳澎村与白居易笔下的朱陈村真可谓有异曲同工之妙。

男婚女嫁基本不出村外，日久天长，就使得村民之间的横向关系变得十分微妙。甲与乙是姻亲，乙与丙是叔伯，丙与甲的老婆是老表……这样一直串下去，该是多么有趣。"撞头都是亲戚"，这是漳澎村民常说的一句话，也是漳澎这个百家姓村独特的人文景观。甚至有人说，把这些亲戚关系串联起来，说不定会把全村每一户都串到一起。当然，这个表面有趣的人文景观还是有其深刻内涵的，毕竟亲戚上头好说话，姻亲联网，亲上加亲，很多利益冲突都会被这种亲戚关系消融。和谐包容是漳澎历来的村风，很难说这"撞头都是亲戚"在其中不起作用。

互助共济成村风

从搭寮聚居的那个时候开始，友爱互助、和衷共济的精神，便已深深烙在漳澎先民的心头，成为村中一种传之久远的风气。旧时，村民搭寮而居，用的是竹、篾、木、茅草之类易燃的物品，难免有火灾之虞。棚寮一间挨着一间，扑救不及便会火烧连营。所以，不管哪一家失火，都会牵动全村人的心，若袖手旁观，到头来定会殃及自己。此时，救人也是救己，唯一的办法，就是与失火的主家一道，积极扑救，将损失减少到最低。久而久之，即使是最没有互助心的人，出于自身安全考虑，也不会袖手旁观。慢慢地，村中养成一种风气，凡有火警发生，不用动员号召，人们都会放下手中的活计，蜂拥前去扑救。及至后来村民建起了泥砖房或砖瓦房，这种有难互帮的风气也一直延续着。谈起这些，村民无不一脸自豪。

除了"救火"这种较为特殊的场合能展现漳澎互助共济的村风之外，还有一个能展现村民之间互助情谊的场合——"起屋"，也就是建新房。起屋所需的砖要到外边的砖厂购买，沙则全靠人力到外边的河里去捞，沙和砖用船艇运至埗头后，还需人力从埗头的艇里挑至屋地里，加上建屋期间搓灰、递砖的杂工，整个过程需要耗费大量的人力。不过，在漳澎，哪怕是人丁再单薄的人家，起屋时也不担心缺乏人手。很多时候，不等屋主开声请求，人们便会闻风而动。往往是屋主人运载沙或砖的船艇刚一靠岸，来帮忙的人便会自带工具，蜂拥而至。你来我往，从埗头到屋地排成两条对流的长龙，场面极为热烈，不到一会儿的工夫，艇里的建材便卸去一空。每到这时，主人家都会煮上一锅糖水，放在埗头边让大家完工时吃，以答谢热情相助的乡亲。对于村民来说，起屋是人生几十年一遇的大喜事，很多人辛劳一辈子，就盼望有这一天。今天你帮我，明天我帮你，只有互助才能互利，这个道理是最朴素不过的了。来自四面八方的漳澎的先民就是这样互相搀扶着走过来的。比起经年难见一次的失火，起屋是漳澎村里常见的事，故此，人们排着长队在埗头挑砖挑沙，是漳澎很长一段时间里一道美丽的风景线。

扶危济困、热心公益是和衷共济的"升级版"。一直以来，漳澎村中乐于扶危济困、热心公益的人还真不少。本书多次提到的漳澎籍香港企业家陈冠杰便是其中之一。

陈冠杰少年时期在漳澎遭受磨难的同时，得到不少乡亲的帮助。后来他到了香港，经过艰苦的打拼，成为成功的企业家。改革开放后，他回到漳澎，牵头建起漳澎水厂，使近 300 年来世世代代食河水的漳澎人破天荒地喝上了自来水。此外，他还出资在交通要冲上修建了横跨漳澎河的益众桥，并重修了村中的两个凉棚。陈冠杰还特别牵挂家乡的老人。1981 年，他开始为全村的五保户每月发放一次 10 元的敬老金。不久，敬老金的发放对象扩大至 70 岁以上的老人，这一发便发了 10 多年。2013 年，陈冠杰开始在春节前给村中 70 岁以上的老人每人发放 200 元的慰问金，第二年开始增加到每人 300 元。他还别出心裁，在给每名老人发放慰问金的同时，赠送一只生蹦活跳的大阉鸡。杀鸡过年是农村的传统习俗，也是村民一年中最开心的事，有没有鸡杀，是年景好坏的一个标志。很多人都说，只有在农村生活过的人，才会想出如此贴合村民心理的妙招。一只阉鸡的价值虽然不大，但寓意深刻。每年给老人发慰问金和赠送大阉鸡的那一天，无论有多忙，陈冠杰都会赶回漳澎发放现场。他明白，敬老不是施舍，要敬，就得亲自到场。

一般说来，和衷共济、守望相助的事都发生在朝夕相处、休戚与共的环境和关系之中。陈冠杰自 1959 年离开漳澎已超过 60 年，村中已无多少自己的至亲，但他对漳澎的父老乡亲还是如此"长情"，个中缘由，实在难以用一两句说话解释得清。

八月十五添灯油

其实，漳澎和衷共济的村风不单体现在日常生活里，还牢牢地凝固在一些源远流长的民俗之中。八月十五中秋节为孩童添灯油的风俗，就是漳澎村一种充分体现和衷共济精神而又充满仪式感的民俗活动。

为学子添灯油助学的故事，很早便在中国流传，有一个故事的主角是晚清中兴四大名臣之一张之洞的父亲张瑛。张瑛中过举，一生为官三十余载，任地方官时颇有政绩。他非常重视教育，常常鼓励人们读书，在安龙城任知府时，每到午夜时分，他都会派两个差役挑着桐油篓巡城，如果见到哪户人家有人在挑灯夜读，差役便在他的灯盏里为他添上一勺灯油，同时送上知府大人的鼓励。这一做法坚持了数十年，添油成了安龙城一道别样的风景。

中秋节添灯油的俗例，东江流域很多地方都有。这个习俗的初衷和效果，与当年张瑛派人为挑灯夜读的学子添灯油一样，都是统一在"助学"这个要旨上的。时至今日，助学有了更多的形式和内容，添灯油的习俗在很多地方也已消失。但在漳澎，这个习俗却一直保留，而且作为一道别样的风景，看起来更加亮丽、更加壮观。

漳澎添灯油的时间固定在每年的农历八月十五中秋节晚上，添油的主角是村中店铺的老板，添油的对象则是村中的儿童。每年的中秋节傍晚，华灯初上，村中的儿童倾巢而出，有的独立行走，有的由大人陪同。孩童手里提着一个灯笼，兴高采烈地来到村中做生意的店铺前，口中说着诸如"添油添福寿""生意兴隆"之类的吉祥话。笑口盈盈的店铺老板一边把红蜡烛赠给孩童，一边回赠诸如"快高长大""勤奋读书，将来高中"之类的祝福语。捉着灯笼的孩童，成群结队，一个接着一个，直到在漳澎村所有的店铺都添过了"油"，才余兴未尽地回家赏月。当今的漳澎，乃是有着1.4万多户籍人口的大村，儿童数量之多可想而知，再加上陪伴的大人，这一晚漳澎的商业大街上真可谓人如潮涌、灯如浪翻。

漳澎的添灯油习俗开始于何时已无从考证。据村中老人回忆，其历史少说也有100多年。有一个也许是文人杜撰出来的故事在漳澎流传着，说的是清朝同治年间，漳澎村南安坊住着一户贫苦的徐姓人家。徐家无田无地，为维持生计，男主人徐大叔农忙时替人锄田、割禾挣些谷米，农闲则到河涌捉鱼虾、蟛蜞。女主人林氏在家中操持家务，有时也替人舂米帮补家计。一家人过着"手停口停"的艰难生活。

夫妇俩养有一个儿子，名叫阿贵。阿贵自幼聪明好学，一直盼望能进私塾读书，好将来博取功名。但家境贫寒，哪有钱供他读书？父亲见儿子一天天长大，又十分喜爱读书，便央人找来别人丢弃的旧书本，供儿子在家自学。阿贵除天生聪慧外，还十分勤奋，每天清晨便起床读书，直到深夜仍手不释卷。夜晚读书，需要油灯作伴，家中穷困，时间一长，灯油便难以为继。无奈之下，夜间读书只好时断时续。

有一年的中秋之夜，村中很多孩子挑着灯笼在街上游玩，阿贵却留在家中挑灯夜读。正读得兴起，油灯忽然灭了，屋里顿时一片漆黑。一看，灯油尽了。他知道，家中也没油可添，只得懊丧地放下手中的书卷，慢慢踱出家门。出门走不多远，他发现东正街两边的商铺此刻还未关门，而且比平时还要光亮许多。原来，为了欢度中秋节，这些商铺都点亮了平时收起来的大灯笼。见到亮光，阿贵十分兴奋，急转回家中，拿起刚才放下的书本，走到一家缸瓦铺门口，找个光亮的地方坐下读书。

店老板姓陈，他问阿贵为什么来这里读书。阿贵说家中的油用尽了，所以来这里借光。听了阿贵的话，陈老板深受感动，他对阿贵说，你回家把灯盏拿来，我给你添油。

陈老板中秋之夜为贫寒学子添灯油的事，也感染了在东正街做生意的其他老板，大家都为村中的贫寒学子添起了灯油。久而久之，漳澎村中秋之夜添灯油的俗例便蔚然成风，一代一代传了下来。

至于阿贵，他后来中了进士，他的勤奋与乡亲们的资助有了回报。

故事也许是杜撰，但漳澎的添油习俗却是真实存在，并一直延续到今天，只是过去是名副其实的"添油"，而现在由于不点油灯，改为赠送蜡烛罢了。当然，店铺老板与提灯孩童互赠的祝福语，含义也有所拓宽，来添灯油的孩子家里也许比店铺的店主更有钱，但不管怎样，添灯油习俗中所含的鼓励学子勤奋读书的内核是没有变的。现今漳澎的添灯油习俗已成为全村助学活动的嘉年华了。

同拜天后娘娘

漳澎村的先民来自四面八方，俗话说"一处村乡一处例"，这些人在故乡时有自己的民间信仰和生活习俗，这些信仰和习俗有的相同，有的就很不一样。但在以后长期的共同生活中，在互相包容、融会贯通之下，人们的生活习俗慢慢趋向了大同，宗教信仰也慢慢指向一些共同的偶像。可以说，信仰的统一，充分体现了漳澎人的和衷共济与相互包容。

漳澎村内建有土地庙、文武庙、金花庙、天后宫等民间信仰庙宇。其中天后宫的香火最为鼎盛。

天后宫供奉的天后娘娘，升仙成神时姓林，是福建九牧林氏的后裔。漳澎的悦田林氏，算起来也是源出福建九牧一脉。不过，在漳澎村里，到天后宫参拜天后娘娘并不是专属于林氏的活动，每年的天后诞活动，几乎所有的漳澎人都会参与其中。漳澎人普遍信仰天后，与他们伴水而居有着莫大的关系。抛开最早一批到漳澎落户的移民本来就是疍民的可能不说，遥想当初漳澎村民聚居之时，村舍四面环水，南面更是白浪滔天。村民朝夕与潮汐和风浪相伴，对水既依赖又畏惧，水上安危，时刻所系，信奉护佑水上安全的天后娘娘与喜爱划龙船一样，实乃顺理成章。于是，不分姓氏也不管原先有何种信仰，村民在村中面对大海之处，合力建了一座天后宫，并从几百里外的赤湾天后宫请回了天后娘娘。

至于漳澎天后宫始建于何时，现在已无从考证，在留存下来的旧天后宫门匾上，镌有"同治辛末重修"的字样，同治辛末即同治十年（1871）。由此可知，同治十年以前一段很长的时间，这个天后宫便已存在了。

自从有了天后宫，漳澎村的龙船每年起水后，都会划到天后宫前，对天后娘娘行礼，祈求天后娘娘保佑人船安全、在标场夺得锦标而归。村中每年做一次的大戏，也在天后宫前面滨水的空地上搭棚举行，以便人神共乐。每年的农历三月十八日或十九日，是天后娘娘"回娘家"的日子。这一天，信众将宫中的行宫天后请出来，放进一顶装饰得十分漂亮的轿子里，由几个五大三粗的男人抬着，前面由仪仗队开路，先绕着村中大街巡游一圈，然后把行宫天后送到一艘船上，不辞路途遥远驶到赤湾，在赤湾天后宫一直住到三月二十三日天后诞那一天，再由信众用船等接回。

天后诞是漳澎村最热闹的日子。这一天，鞭炮齐鸣、锣鼓喧天、舞狮、舞凤、舞麒麟等表演，吸引一众男女老少驻足观看。对于青年或已经父母之命、媒妁之言定了亲的男女，这一天更是一个特殊的日子。在那个盲婚哑嫁的年代，虽然是村内通婚，但大多数定了亲的男女，洞房花烛前是未见过对方是何等模样的。这一天，全村男女老少空巷而出，未定亲的男子，大可在经过精心打扮的女子群中挑选自己心仪的人。而那些交换了生辰八字的，也可在旁人的指点下，看清那个将来要同自己一起生活的人的真实面目。不过，事已至此，也只能是看看而已，是靓是丑，或跛或盲，一切都已成局，无可挽回了。

漳澎天后宫耸立于村之中心，见证了漳澎由小而大、人口由少而多，终衍成当今风景秀美、人杰地灵、有 1.4 万多人口的大村。自清同治十年重修以后，天后宫一直在原址未动，直到 20 世纪 50 年代，由于各种原因遭废，建筑物被拆毁改建成办公场所。天后宫遭破坏时，宫内搬不动的天后娘娘塑像被毁，而那个用木头雕制、坐轿游街时才请出来的行宫天后坐像，却被一名好事者抛进漳澎河里。这座天后娘娘坐像被河水冲到一座桥边，恰好有一名村民扒艇经过，认得是天后宫中的神像，便冒着被批斗的危险拿回家中收藏，直到环境好转，才拿出来让信众供奉。

2016 年，有村民动议由民间集资在原址重建天后宫。倡议得到广大村民响应，陈冠杰更是郑重承诺，重建所需资费先由民间捐献筹集，不足部分全数由他承担。漳澎村委会将天后宫原址所在地块划作新宫重建用地后，村民纷纷解囊，捐款者几及每家每户，多达四千余众，加上社会热心人士的捐资，共集得 100 余万元的善款。天后宫重建工程于当年 8 月启动，扩其旧制，三进均有加深。12 月，工程竣工，共耗资 200 多万元，集资后不足的 80 多万元由陈冠杰全数补上。新宫落成，即从天后的故乡福建湄洲奉回新塑天后金身在宫中安坐。2017 年农历三月二十三日，是一年一度的天后诞。这一天，重建后的漳澎天后宫举行隆重的开光典礼。

民间的天后宫虽然多得数不胜数，但漳澎的天后宫显然与众不同。在里面供奉的，除了天后娘娘之外，还有观音、齐天大圣、北帝、圣母、文昌、关帝、门官、土地、七姐妹、八姑等神像。这各路神仙，据说都是先民移居漳澎时从居住地"引进"而来，供自家参拜的。后来全村合建了天后宫，人们便把这些原来各自供奉的神仙像都安放到天后宫里。天后宫遭毁时，这些神像自然也难逃厄运。这次重塑天后娘娘金身之时，这各路神仙的坐像也一一新塑。这么多神仙得以同在天后宫与天后娘娘一起安坐，共享村民的香火，足以见证漳澎作为移民村落，信仰纷呈的特色，也可见证漳澎村民共济包容、和谐相处的村风。

结　语

　　潮起潮落，漳澎村屹立在狮子洋畔已经接近300年，相对于许多古老的村落而言，它实属年轻一辈。在这200多年中，它经历了名副其实的沧海桑田之变，演绎了从主事农耕到洗脚上田、从满涌船艇到遍地汽车、从栖身水上茅棚到安居崇楼美宅的天翻地覆。

　　200多年来，一批又一批从四面八方浮水而至的广府人，牢牢扎根在这个水乡泽国，开枝散叶，在上苍的揉捏下，成为以勤劳坚毅、和衷共济、充满智慧、勇于创造、敢为人先著称的漳澎人。正是这一代又一代的漳澎人披星戴月、胼手胝足、奋力拼搏，在营造美好家园的同时，把漳澎这个从水里冒出来的无人沙洲，建成了珠江三角洲腹地上著名的稻谷、甘蔗和香蕉产地，以及远近闻名，有着深厚龙舟、粤剧、广东音乐等广府民俗传统的文化热土。先辈们的业绩，实在可歌可泣，令人永志不忘。

　　时至今日，漳澎的一切都发生了变化。在现今漳澎的土地上，除了少许的香蕉园外，水稻和甘蔗已几乎绝迹，取而代之的是纵横交错的马路、鳞次栉比的厂房、簇新亮丽的楼宇和街市，汽车取代了船艇，成了家家户户的标配。凉棚虽然修葺一新，但里面再也没有后生住宿，也没有醉人心魄的音乐声。在漳澎延续100多年的"群娘仔"习俗是彻底消失了，它与后生寄宿凉棚的习俗几乎是同时式微并最后消失的，时间节点大约在20世纪80年代末、中国改革开放进行得如火如荼之际。漳澎河还在，但水满之时，凉棚里粤乐飘荡，凉棚下船艇穿梭，凉棚边水埗头妇女们汲水、淘米、洗濯，光屁股的孩子在河中戏水的戏水的水乡欢乐图，已永远成为人们心中的记忆。

漳澎正迎来又一个沧桑巨变。毋庸置疑，漳澎的变化，是时代演进的使然，任何力量也阻挡不了历史前进的步伐。漳澎过去的一切是伴随着农耕生活方式的出现而诞生和发展的，必然也会伴随着农耕生活方式的消失而渐渐走向式微。但是，形式消失了，它的灵魂还在。在中国，凡是能流传下来的传统民俗文化，都可以在中国站得住脚的传统道德里找到依凭，当然也是代代传承的结果。世间一切有生命力之文化传承，都是在文人和百姓之间双线进行的，唯有这样，才能传得久远，承得稳实与精彩。其中，百姓的传承更来得实际一些。

在漳澎，100多年来在村中养成的被称作"玩弦索"的演奏广东音乐传统，以熔百家桡法于一炉的"漳澎桡架"作支撑的扒龙船传统，一代又一代漳澎人在生产和生活中铸就的开拓奋斗、和谐相处、包容共济的"漳澎精神"，都没有消失。虽然失去了往日的土壤，但它们却以另外一种方式生存和发展着。时至今日，悠然悦耳的丝竹管弦声还时常在村中响起，在漳澎甚至东莞的许多地方，还活跃着漳澎农家乐手的身影；漳澎桡架的威名仍在，漳澎龙船所到之处，几乎仍是逢标必夺；在开拓奋斗、和谐相处、包容共济的"漳澎精神"鼓舞下，漳澎的村容村貌和村民的生活都已翻开了新的篇章。所有这些，便是明证。